U0055493

輕鬆考證照

財產風險管理

概要與考題解析

▶ 因應 **105** 年考試變革，納入選擇題 / 問答題與考題解析

▶ 風險管理要點 + 考題解析 + 考情分析 + 答題技巧 + 模擬考題

▶ 涵蓋風險管理、產險商品、保險規劃與經營等完整體系

▶ 針對特考財產保險經紀人與個人財產風險管理師量身訂作

廖勇誠 著

作者序

　　因應105年專技人員保險經紀人考試變革以及保險業務更迭、商品法規變革、歷屆考題增加與統計數據變化，筆者特別著手撰寫修訂本書，並加入選擇題與問答題等考題解析與要點編撰。另外，本書選編納入個人風管師、經紀人考試財產風險管理概要以及作者自編之考題及考題解析，希望能夠幫助學生、從業人員與讀者們，有效率的掌握要點並通過考試。

　　本書雖是風險管理，但其實涵蓋多元專業，涉及風險管理、產險商品、保險規劃與保險經營等各層面要點，非常有助於保險學、保險經營、保險行銷與保險實務專業之提升或保險相關考試科目之準備。

　　另外，保險系列書籍出版後，受到很多忠實讀者們的選購、支持與鼓勵，在此特別向讀者好友們致上衷心的感謝；期望筆者的案牘勞形與竭思盡慮，可以對於讀者朋友們提供更實用的幫助。另特別感謝師長們、業界長官同事好友們及父母家人的長期鼓勵與支持！最後，風險管理與金融保險學理廣泛且專業艱深，筆者雖戮力以赴，但恐有謬誤或疏漏，敬祈海內外宏達與師長專家前輩指正與見諒。

105 年 2 月
於台中

Contents

第一章　風險管理證照考情分析與考試技巧

第一節　財產保險經紀人考情分析
第二節　個人財產風險管理師證照考情分析
第三節　答題技巧分享

◇　考試人數多少人？及格率多高？
◇　主要考試範圍是？
◇　通過考試有何效益？
◇　問答題有那些答題技巧？
◇　選擇題有那些答題技巧？

第一章 風險管理證照考情分析與考試技巧

第一節 財產保險經紀人考情分析

一、規劃投入財產保險與財富管理產業

1. 未來規劃在財產保險公司服務、產險經代人公司服務、銀行與證券公司的產險經代、保險部門或財富管理相關部門服務者。
2. 建議：優先報考風險管理學會的個人財產風險管理師考試或產險業務員考試，再參加考試院舉辦的財產保險經紀人特考。

二、考試資訊：保險經紀人

1. 主辦單位：考試院（國家考試）
2. 網址：http://www.moex.gov.tw
3. 考試資訊：
(1) 考試院主辦：報關保險人員特種考試（相當於普考等級）
(2) 報考學歷要求：高中以上學歷
(3) 報名方式：採網路線上報名
(4) 考試時間：每年五月或六月
(5) 申論題(問答題)、簡答題與選擇題
(6) 及格標準：四科平均 60 分及格、但總成績滿 60 分及格人數未達各該類科全程到考人數 16%時，以錄取各該類科全程到考人數 16%為及格。總成績之計算，以各科目成績平均計算。各該類科考試應試科目有一科成績為 0 分或總成績未滿 50 分者，均不予及格。
4. 考試科目：

證照種類	考試科目
財產保險 經紀人	保險法規概要、保險學概要、財產風險管理概要、財產保險行銷概要
人身保險 經紀人	保險法規概要、保險學概要、人身風險管理概要、人身保險行銷概要

5.考取後效益：

(1)得開設經紀人公司並得擔任經紀人公司簽署人，加薪幅度達1.5~2.5萬。

(2)部分代理人或經紀人公司為鼓勵業務員參加經紀人考試，另發放獎勵金鼓勵員工。

(3)銀行保險蓬勃發展，各銀行與證券公司皆已成立產壽險代理公司或經紀公司或保險部門，考取後有助於投入銀行保險職務。

(4)通過考試後，擁有國家考試(普考資格)的專業認證，於面試求職時錄取機會迅速攀升。

三、近年考試題型統計

1.104年之前的考試題型：財產保險經紀人財產風險管理概要之考試題型，以問答題(申論題)為主，簡答題或解釋名詞為輔。

2.105年之後的考試題型：選擇題加上問答題；問答題可能涵蓋申論題、簡答題與解釋名詞。

四、財產風險管理概要之命題範圍統計

　　依據87年~104年考題統計，財產風險管理概要主要考試範圍以風險管理理論與個案為主，佔64%，非常重要。其次為保險規劃、保險商品與保險契約，佔36%。

圖 1-1 財產風險管理概要考題範圍比重統計(依題數分佈)

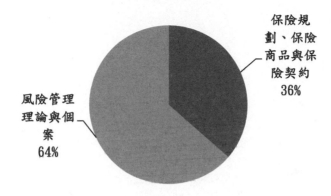

資料來源：本書依據財產保險經紀人財產風險管理概要 87~104 年考題歸納分類

五、近年保險經紀人報考人數與及格率概況

1.近年財產保險經紀人報考人數概況：財產保險經紀人之報考人數略低，每年介於 370~670 人，但到考人數佔率約為 61%。

2.近年人身保險經紀人報考人數概況：人身保險經紀人之報考人數較多，每年介於 420~1,040 人，但到考人數佔率約為56%。

表 1-1 近年保險經紀人報考與到考人數統計

年度/專業別	人身保險經紀人		財產保險經紀人	
人數	報考人數	到考人數	報考人數	到考人數
101 年	424	257	375	235
102 年	447	276	419	272
103 年	657	380	500	305
104 年	1,037	612	669	420

3.近年及格率概況

(1)財產保險經紀人及格率介於 6.4%~43.8%，起伏較大。

　及格率=及格人數 / 到考人數

(2)105 年實施考試新制後，及格率會大於或接近於 16%，可避免及格率波動情形。

圖 1-2　近年財產保險經紀人及格率統計

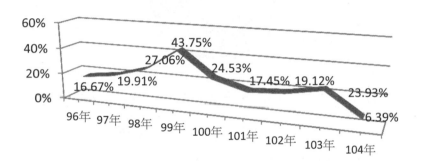

資料來源：考選部，100 年&104 年考選統計

第二節　個人財產風險管理師證照考情分析

一、考試資訊：個人風險管理師

1.主辦單位：中華民國風險管理學會

2.網站：http://www.rmst.org.tw/

3.考試時間：上半年：五月~六月；下半年：十一~十二月

4.考試型態：個人風險管理師(分為人身風險管理師及財產風險管理師兩類)：選擇題 50 分、簡答題 35 分，申論題 15 分，總分 100 分。

5.及格標準及報名費：

(1)個人風險管理師(含人身風險管理師及財產風險管理師兩類)總分 100 分，以 70 分為及格標準。

(2)報名費 1,500 元(在校生 750 元)。

6.考試科目與考試教材：

(1)財產風險管理師：風險管理與保險規劃，保險事業發展中心主編

(2)人身風險管理師：人身風險管理與理財，風險管理學會主編

二、考取後效益

1.部分公司針對通過者，提供獎金或加薪優惠，諸如：通過個人風險管理師者，核發獎勵金二千元。

2.國內通過個人風險管理師的人數相對於通過產壽險業務員人數低，因此證照價值較高；另外可作為進一步報考高普考、研究所或保險經紀人特考的模擬考試，以增進專業與考試功力。

小叮嚀：

依據風險管理學會 104 年考試簡章,以下單元不列入個人財產風險管理師考試範圍，敬請讀者與考生留意。

第 7 章：人壽保險

第 8 章：年金保險

第 11 章：投資型保險

第 12 章：我國全民健康保險介紹

第 14 章：保險市場之發展

由於第 14 章：保險市場之發展仍為產險經紀人的考試範圍，本書仍予列入，請讀者自行排除。

第三節　答題技巧分享

一、答題技巧分享：簡答題與問答題

1.大題大答、小題小答，切忌小題大作、大題小作

　　25 分的問答題，一定要比 10 分的問答題回答內容更完整。同樣的道理，千萬別將 5 分或 10 分的解釋名詞或簡答題，以 25 分的問答題或申論題答題內容應答，否則只是浪費時間。

2.先審題與構思後再下筆

　　方向正確後，才能得到高分，否則一步錯步步錯，白忙一場。建議先以鉛筆在題目卷上構思重要答題架構後，再進一步下筆。另外，答題內容如果有多項，建議重要的答題內容寫在前面，次要或輔助的答題內容擺在後面。

3.分項逐一列舉答題且有條理地摘要重點答題

　　別忘了每個問項依序回答，而且篇幅有限，一定要切入核心且有條理地針對重點答題喔，可不要風花雪月作文章！另外，建議以逐項列舉方式答題，相對而言，比較方便閱卷老師批閱分數，也可以避免漏寫或批閱疏忽，而造成分數落差。

4.答題架構須從風險管理、保險商品規範與條款、監理法規與保險理論實務切入發揮

　　考題範圍如果是保險商品，應切入問題核心，就該問題深入從商品條款與商品要點等層面，系統化提出整體論述。

5.精選一本書熟讀並加入其他書籍內容優點，避免答題內容精確度或範圍不足

　　每一本書或每一位作者，對於某些主題，常存在明顯差異。建議考生可以熟讀一本書籍，並針對該書籍內容不足之處，

透過其他書籍內容進一步補充與加強，則精確度與範圍將更加提升。

6.上課講授內容並非答題內容

許多學生把老師上課講授內容，包含舉例、個案、圖示等，全部列入答題內容，並認為應該得到滿分，其實是有偏差的。教學講授內容，為了學生便於了解，通常要透過範例說明或結合生活點滴，但答題內容卻不宜納入。

7.留意時事、新商品與新頒法規

財產風險管理概要科目，涉及風險管理、商品、法規問題與保險規劃，從歷屆考古題發現時事、新商品與新頒法規列入考題的比重頗多，務必留意。例如：產險公司販售意外與健康險與微型保單、塵爆、交通意外等。

8.其他

(1)答題內容盡量列舉式撰寫，千萬不要空白，也應避免長篇大論、卻未能切入核心重點。

(2)不要有錯別字、簡體字或自行造字；字要工整、少用修正液或修正帶。

(3)針對解釋名詞或重要題目，建議自己整理筆記。

(4)答題內容或舉例說明，建議以風險管理理論與保險商品要點或規範切入答題。

二、選擇題答題技巧分享

1.善用統一歸納法，增加答對機率

歸納後更容易記憶，可避免死背硬記。例如：可針對不同產險或責任險商品之保障內容分類比較，更容易了解彼此特質差異。

2. 留意數值，增加答對機率

選擇題很多都與數值有關，特別需要留意，諸如：RBC 比率需達 200% 以上、15 日內通知要保人等。

3. 留意關鍵字，增加答對機率

選擇題需多留意關鍵字，諸如：限額過失責任、強制、任意、企業或個人需求等。

4. 針對限制事項或禁止事項需要特別留意

諸如：須符合的資格條件、執行業務之限制等。

5. 考生務必留意法令最新動態

新頒佈或新修訂示範條款、新開放的保險商品務必留意，例如：長期照護、重大疾病、實物給付、個人傷害險等級修訂、火險與車險之條款或費率變更。

6. 自己整理筆記：

邊記筆記邊背誦，更容易有系統且手到心到眼到的理解與記憶。

7. 其他：

刪除錯誤答案、刪除不合理答案、刪除對保戶顯失公平答案，可增加答對機率。

產險經紀人財產風險管理必考重點：

✧ 財產風險事故分析、財產損失金額衡量方法、責任風險分析、損害賠償方法

✧ 財產風險管理方法：控制型風險管理方法、理財型(財務型)風險管理方法

✧ 家庭與企業財產風險管理規劃與個案分析

第二章　風險管理理論概要與考題解析

第一節　風險管理理論概要
第二節　精選考題與考題解析

- ✧　低損失頻率與高損失幅度的風險應該如何管理？
- ✧　控制型風險管理工具包含哪些？
- ✧　財務型風險管理工具包含哪些？
- ✧　個人財產風險如何管理？
- ✧　企業財產風險如何管理？

第二章　風險管理理論概要與考題解析

第一節　風險管理理論概要

一、風險的意義與分類[1]

1.風險的意義：

損失發生的不確定性。

2.風險依照損失發生是否有獲利機會區分：

(1)純損風險(Pure Risk)：

只有損失發生機會而無獲利機會之風險，整體而言通常有一定規則地發生，諸如建築結構、使用性質、汽車廠牌與製造年份、居住地區、工作環境與職業性質等。

(2)投機風險(Speculative Risk)：

同時有損失與獲利機會之風險，整體而言通常為不規則性的風險，諸如股票投資、不動產投資、外匯投資與進出口貿易。

3.依個人認知影響分類：

(1)客觀風險(Objective Risk)：

a.可客觀評價之風險，例如：可透過意外死亡率或罹病率客觀評估意外死亡風險或癌症風險。

b.保險契約所承保之特定風險或事故發生與否，與要保人或被保險人無關，則該風險屬於客觀風險。

(2)主觀風險(Subjective Risk)：

a.個人主觀意識所感受到的風險，諸如心理壓力可能導致損失，但風險因人而異。

---

[1] 參袁宗蔚，保險學，第一章；潘文章，保險學，第四章；風險管理學會，人身風險管理與理財，第一章；保發中心，風險管理與保險，第一章、鄭燦堂，第一章及 Harvey W. Rubin, Dictionary of Insurance Terms

b.保險契約所承保之特定風險或事故發生與否,與要保人或被保險人攸關,則該風險屬於主觀風險。

4.依風險標的物之性質(損失發生對象)分類:

(1)**人身風險(Personnel Risk)**:與人類身體有關之風險,諸如:生育、年老、疾病、死亡、傷害與殘廢等。

(2)**財產風險(Property Risk)**:與個體所擁有財產攸關之風險,諸如:房屋建築結構差、居住地震帶、居家未安裝鐵窗、居住低窪地區、超速行駛與飆車等可能造成房屋毀損、竊盜與車禍等事故。

(3)**責任風險(Liability Risk)**:由於契約關係或過失侵權行為,導致依法須負擔賠償責任之風險,諸如:車禍賠償責任與執業責任。

5.風險發生與否影響個體或群體分類:

(1)**特定風險(Particular Risk)**:

損失發生對於個體產生影響之風險,諸如:意外死亡、殘廢、火災與車禍等事故發生通常僅對於個體產生影響;一般而言特定風險常屬於純損風險。

(2)**基本風險或團體風險(Fudanmental Risk)**:

損失發生對於群體產生影響之風險,諸如失業、颱風、地震、海嘯與罷工等事故對於群體或整個地區產生衝擊;基本風險可能為純損或投機風險。

6.風險隨經濟、社會或科技改變與否分類:

(1)**靜態風險(Static Risk)**:

不隨經濟、社會或科技等改變之風險,包含自然環境或人為錯誤所致之風險,諸如:火災、地震、操作不當等。通常絕大多數的靜態風險屬於純損風險。

(2)**動態風險(Dynamic Risk)**:

隨經濟、社會或科技等改變之風險;諸如股票或外匯投資、社會變遷、經濟波動與民眾偏好改變風險。動態風險可能為投機或純損風險。

7.風險依照是否與財務金融攸關分類：

(1)金融風險(Financial Risk)：
由於金融市場變動的不確定性所產生的風險，包含市場風險、利率風險、信用風險、匯率風險等。絕大多數的金融風險屬於投機風險與動態風險。

(2)非金融風險(Non-Financial Risk)：
風險的發生未攸關於金融投資環境波動的不確定性，而是屬於天災人禍或人身財產等風險所導致，諸如地震、颱風、酒駕、飲食習慣不當等風險因素。

8.依照風險發生的對象分類：

(1)個人或家庭風險(Individual or Family Risk)：風險發生對象為個人或家庭。

(2)企業風險管理(Enterprisis Risk)：風險發生對象為企業。

(3)社會風險管理(Social Risk)：風險發生對象為國家、國際或整體社會。

二、風險因素、事故與損失

1.風險因素、風險事故與損失間關係

風險因素會影響或導致風險事故，發生風險事故後可能造成損失，關係如下：**風險因素→風險事故→損失**。因此風險事故不會造成或影響風險因素；但風險因素會影響或導致風險事故；另外造成損失的原因為發生風險事故，而非存在風險因素。

2.風險因素：指足以引起或增加風險事故發生的因素。

(1)實質風險因素：
風險標的所具備足以引起損失結果或擴大損失程度的實質條件。諸如：性別、年齡、遺傳疾病、高風險職業、不當飲食、現症、既往症、交通號誌故障、天雨路滑、疲勞駕駛或

居住環境等。

(2)道德風險因素：

指個人不誠實或不正直的行為或企圖，故意促使危險事故發生，以致於引起損失結果或擴大損失程度。諸如：自殺、自殘、縱火、殺害與偽照病歷詐領保險金等。[2]

(3)心理或怠忽風險因素：

指個人疏忽或消極的行為，以致於引起損失結果或擴大損失程度。諸如：因投保高額車險或意外險，因而經常疲勞駕駛或不遵守交通規則，或個人衛生習慣差或偶有開車講手機或酒駕等行為。

3.風險事故：

風險事故可能為天然災害、人為事故或身體上風險事故，諸如：意外身故、長壽、生育、震災、火災、風災、水災、土石流、爆炸、偷竊、罷工與汽車撞毀等。風險事故可能為不可承保的風險事故或可以承保的保險事故。

小叮嚀：風險的種類判斷

(1)企業高層主管身故：屬於純損風險與靜態風險。

(2)失業風險：與經濟、社會變遷或科技變動攸關，又涉及整體國家社會之經濟成長、產業結構、科技或偏好變化，應歸屬於動態風險與基本風險。

(3)環境污染屬於人為所致的事故，屬於靜態風險。

(4)許多風險同時屬於個人與企業需要面臨的風險，諸如：收入損失風險、人身死亡風險或意外傷害風險。

(5)企業風險的種類：

　a.財產損失風險：財產毀損滅失等相關損失。

　b.淨利損失風險：營業收入與利潤降低的損失。

　c.責任損失風險：賠償責任相關的損失。

　d.人身損失風險：與員工身體相關的損失。

　e.金融風險：由於金融市場變動的不確定性所產生的損失。

三、損失與成本的預估與衡量[3]

1. 損失預估：以機率分配理論為基礎，預估一定期間內，危險發生件數及平均損失金額；以便透過損失頻率與損失幅度等指標來預估損失情況。

2. **損失頻率：指平均損失機率。**

   損失頻率 ＝ 發生損失單位數 / 整體單位數。

   　　另外，由於實務上損失頻率不易求算、恐有偏誤或難以量化，常輔以其他損失頻率估計方法：例如事件樹分析、失誤樹分析、損失機率分配與依照損失機率區分等級方法。[4]

3. 損失機會(Chance of loss)：指特定期間內，風險單位可能遭受損失的次數或程度。損失機率若以百分比呈現，即指損失發生的機率，與損失頻率概念相近。[5]

4. **損失幅度：指平均損失金額。**

   損失幅度 ＝ 損失金額 / 損失發生次數。

   　　由於實務上損失幅度不易求算、恐有偏誤或難以量化，因此常輔以其他損失幅度估計方法：包含年度最大可能損失(Maximum Probable Yearly Aggregate Dollar Loss, MPY)、VaR(Value at Risk,風險值)與依照損失幅度區分等級方法，例如：將損失幅度區分成五等級。[6]

---

[3] 參保險事業發展中心，風險管理與保險規劃，P.50-51；Mark S. Dorfman, Ch.1；火險與車險條款。

[4] 參宋明哲(2007)，Ch.8、王財驛、謝淑慧(2012)，Ch.2

[5] 參袁宗蔚，保險學，P.21-23

[6] 參宋明哲(2007)，Ch.8、王財驛、謝淑慧(2012)，Ch.2

(1)最大可能損失[7]（Maximum Possible Loss）：指事故發生後，單一危險標的可能產生的最大損失金額(The worst case & the maximum loss amount)。

(2)最大預期損失（Probable Maximum Loss）：指事故發生後，單一危險標的預期可能發生的損失金額(Estimated loss amount under realistic situation)。

(3)年度最大可能損失(Maximum Probable Yearly Aggregate Dollar Loss, MPY)：指在同一年度內，對於家庭或企業可能遭遇的累積最大損失金額。

5.**風險程度或危險程度(Degree of risk)**：指發生損失的實際經驗與預期經驗之變異程度。

> **風險程度或危險程度＝**
> **(實際損失次數-預期損失次數)/預期損失次數**

6.兩群體的損失機會相同，不代表危險程度相同。

7.**VaR(Value at Risk,風險值)**：風險值為絕對損失金額概念，透過風險值可以在一定期間內及特定信賴區間下，計算可能產生之損失金額。

8.**風險成本[8](Cost of Risk)**：指管理風險之機會成本；主要包含預期損失成本、風險控制成本、風險理財成本與剩餘不確定成本；包含風險事故發生後個人或企業可能承擔之損失、自負額、風險控制成本與保險費、行政總務費用與憂慮成本，並扣除殘餘物和保險理賠等補償。其中風險控制成本(Risk Control Cost)指家庭或企業採取降低損失頻率與幅度的各項

---

[7] 參保險事業發展中心，風險管理與保險規劃，P.47-49，Harvey (Fourth Edition)

[8] 參風險管理學會，人身風險管理與理財，P.5-6，鄭燦堂(2008)，P.36-37，宋明哲(2007)，Ch.10，許文彥(2015)，Ch.2

控制型風險方法，以減少預期損失及損失變異程度所耗費的成本支出。

9.財產損失：

財產損失可區分為直接損失與間接損失，直接損失指直接因為事故所導致的損失。間接損失則指因為直接損失所衍生的損失。例如：發生火災導致房屋與動產燒毀，屬於直接損失。另外因為火災事故所造成的臨時住宿費用、火災清理費用、替代交通工具費用與營業中斷損失等，則屬於間接損失。

針對財產直接損失或直接成本之衡量評估方式，可以有以下幾種方法：

(1)**原始成本**：購買或取得成本，但將可能高估或低估成本。

(2)**帳面價值**：原始成本扣除會計折舊，仍無法反映實際價值。

(3)**市價**(Market Value)：指全新財產在市場上之交易價格。

(4)**重置成本**(Replacement Cost)：重置成本指以全新財產取代損壞財產所需之成本。全新的財產與損壞之財產可能不完全相同，但規格相當。進一步來說，重置成本法指事故發生後，保險標的物以類似品質或規格的標準，在當時與當地重建、重製或重置所需成本。

(5)**功能性重置成本**(Functional Replacement Cost)：重置成本雖以全新財產取代損壞財產，但實務上可能市場上已無相同或規格相當財產。功能性重置成本指以相同功能但型號不同之全新財產賠償。

(6)**實際現金價值或實際價值**：實際現金價值依據重置成本扣除實際折舊計算，其中實際折舊依重置成本計算。實務上保險理賠時，通常依照保險事故發生時，被保險標的之重置成本扣除實際折舊後之餘額計算保險理賠金額上限。

範例：

假設某財產原始成本30,000元，耐用年限 10 年無殘值，於使用5年後遭火災全部毀損，損失發生時累計折舊帳戶餘額為15,000元，公平市價為100,000元；損失發生時之重新購買的成本為80,000元。請問若分別採原始成本基礎、原始成本扣除會計折舊基礎、市價基礎、重置成本基礎、實際現金價值基礎以計算財產損失時，其財產損失之評價金額分別為何？

參考解答：

(1) 原始成本基礎：30,000
(2) 原始成本扣除會計折舊基礎：30,000-15,000=15,000
(3) 市價基礎：100,000
(4) 重置成本基礎：80,000
(5) 實際現金價值基礎：80,000-80,000x0.5=40,000

牛刀小試1：

每10,000位旅客，一年約發生事故100次，一年總計的損失金額為1億元，請問損失頻率與損失幅度為多少？

1.損失頻率= 發生損失單位數 / 整體單位數
=100/10,000= 0.01
2.損失幅度 = 損失金額 / 損失發生次數
=100,000,000/100=1,000,000
純保費=損失頻率 x 損失幅度 =10,000 元

牛刀小試2：

富樂產險公司統計過去一年承保的100萬部機車中，有1.9萬部發生事故，其中有6,000部申請理賠1 萬元、8,000部申請理賠2萬元、5,000部申請理賠3萬元，則損失頻率與損失幅度分別約為多少？ (a)0.019，400 元 (b) 0.019，19,500 (c) 0.019，1,950 元 (d) 1.9 萬次，20,000 元

1.總損失金額= 6000x 1 + 8000x 2 + 5000x 3= 37,000 萬
損失幅度=37,000 萬/19,000=19,474 元
2.損失頻率=1.9/100=0.019=1.9%

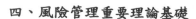

四、風險管理重要理論基礎

1.大數法則(Law of Large Numbers)

　　相當數量的樣本，其發生的機率有一定的法則；大數法則之運用有賴於同質性的大量危險單位之集合。例如：被保險標的愈多時，特定年度之預期事故發生率與實際事故發生率會相當接近。

2.骨牌理論(Domino Theory)

　　骨牌理論指出風險事故的發生是經由一連串的風險因素所導致，因此為避免或減少危險事故發生的損失或機率，應設法消除特定風險因素，以避免一連串風險因素導致事故發生。例如：意外殘廢發生是因為個人的疏忽與不當的機器操作，而個人的疏忽與不當的機器操作又由於個人或環境上的一連串不當的因素所引發。

3.能量釋放理論（Energy Release Theory）[9]

　　能量釋放理論認為意外事故之發生原因為能量失去控制，因此應該採取許多控制風險的措施，以降低風險事故之發生。能量釋放理論著眼於控制能量或控制傷害性能量之釋放，並透過隔離與結構改善等損害防阻方式降低損害。能量釋放理論提到的控制風險措施可摘要列舉如下：

(1)防止能量的集中

(2)降低能量集中的數量

(3)防止能量的釋放或調整能量釋放的速率和空間的分配

(4)以不同的時空，隔離能量的釋放

(5)在能量與實物間設置障礙

(6)調整接觸面與強化結構

(7)快速偵測事故，以控制損失

---

[9]參宋明哲(2007)，P.146-149；謝淑惠、王財驛(2012)

(8)實施長期救護行動

4.風險鍊(Risk chain)

　　指風險因素(hazards)→環境(environment)→交互作用(interaction)→ 結果(outcome)→後續影響(consequence)等一連串之總稱。對於風險的管理與控制可從風險鍊著手進行,可就風險鍊中的任一環節進行風險管理,以避免或減少損失發生的頻率或幅度。諸如透過風險因素的消除、作業環境改善、強化人員操作訓練、風控作業、可疑風險呈報與因應等方式控管風險。[10]

> 小叮嚀:
>
> 透過損失的預估,可便於風險管理人員依照嚴重程度衡量風險,並進一步採取適當的控制型或財務型風險管理策略因應。

5.風險管理的定義與原則[11]

(1)風險管理的定義:

　　個人或企業透過風險的確認、風險的評估與風險管理策略的選擇與執行等步驟,以最經濟的成本,達到最大的風險管理效益。

(2)風險管理的範圍:

風險管理已走向整合性風險管理,範圍已擴及純損風險、投機風險、動態風險、經營風險、金融投資風險與法令風險等各領域。

(3)風險管理的原則:

　　a.勿冒因小失大的風險

　　b.勿承擔超過能力的風險

　　c.多考慮事故發生的可能情況

---

[10]參風險管理學會,人身風險管理與理財,第二章
[11]參袁宗蔚,保險學,第一章

五、風險管理的步驟

1.風險的確認

　　確認風險之方法頗多，實務上常同時透過許多方法確認風險，以避免疏漏，摘述如下：[12]

(1)實地調查法：親臨現場勘查，以了解可能之風險。

(2)聯繫詢問法：透過調查、聯繫、詢問與訪談等，以了解可能之風險。

(3)審閱文件紀錄法：透過審閱會議紀錄、內部簽核文件與內部報表等紀錄，以了解可能之風險。

(4)流程分析法：透過各項作業流程圖，以了解可能之風險。

(5)財務報表分析法：透過各財務報表與會計師查核意見等內容，分析可能之風險。

(6)其他：請教專家法、契約分析法、風險列舉法、表格問卷法、保險調查法與保單對照法[13]等。

確認風險的另一方法：制式表格問卷法

美國管理學會製作了風險分析問卷表（Risk Analysis Questionnaire）與資產損失分析表（Asset-Exposure Analysis），以便於企業確認風險或辨識風險。風險分析問卷表與資產損失分析表主要針對一般企業設計，非常適合初期導入風險管理的一般企業使用，非常快速又方便。然而由於問卷或分析表內容為制式表格或內容，因此無法滿足特定公司或突顯出產業差異性。其中資產損失分析表針對公司的有形與無形資產可能之相關損失，提出簡潔完整的分析，可以讓一般企業有系統地分析資產損失風險。

---

[12] 參袁宗蔚，保險學，第一章；風險管理學會，人身風險管理與理財，第一章；保發中心，風險管理與保險，第一章

[13] 保險對照法又稱保單檢查法。

2.風險的評估

　　風險評估主要範圍包含風險分析(Risk analysis)與風險評估(Risk Measurement)。風險分析屬於風險的質化分析，指對於資產或責任等標的之損失型態與損失原因進一步分析探究的過程。風險評估指為對於風險的量化估計過程，例如損失頻率、幅度與風險程度等。[14]風險評估或風險分析可透過以下指標評估：
(1)損失頻率
(2)損失幅度
(3)個人或企業本身之風險承擔能力
(4)風險成本
(5)風險程度(損失變異程度)
(6)最大可能損失
(7)最大預期損失
(8)標準差、變異係數、風險值、壓力測試、假設情境分析等方法。
(9)風險矩陣(Risk matrix)、風險地圖或風險圖像（Risk map）：
　　運用損失頻率與損失幅度兩個構面，並依照影響程或發生機率高低，編繪出風險矩陣或風險地圖。透過風險矩陣或風險地圖，便於進一步選擇並執行適當的風險管理策略。最簡單的風險矩陣或風險地圖其實就是將風險依照損失頻率與損失幅度高或低，區分出四個象限。另外也可以區分成更多等級，列舉風險地圖或風險矩陣如下：

---

[14]參宋明哲(2007)，ch.7~8

表 2-1　風險地圖或風險矩陣範例(區分五個等級)

發生可能性(損失頻率)	影響程度(損失幅度)				
	1 極低(接近無影響)	2 低度(輕微影響)	3 中度影響	4 高度(可能有嚴重影響)	5 極高(極重大影響)
5 極高	H	H	E	E1	E1
4 高度	M	H	H	E	E1
3 中度	L	M	H	H	E
2 低度	L	L	M	H	E
1 極低	L	L	M	H	H

資料來源：參考與修訂自梁正德、袁曉芝、廖淑惠等(2012)，宋明哲(2007)
E：極高度風險；必須立即採取行動(E1 最具急迫性與重要性)
H：高風險；高階管理階層必須注意。
M：中度風險；管理階層有責任將之列入管理。
L：低度風險；納入例行性的管理。

3.選擇並執行風險管理策略或方法

　　風險管理策略可分為控制型風險管理策略與財務型(理財型)風險管理策略。控制型風險管理策略為損失控制策略。控制型風險管理策略包含避免、損失預防與抑制或非財務上之契約移轉。其中損失抑制主要為對於損失幅度的控制，損失預防則主要對於損失頻率的控制。另一方面，財務型(理財型)風險管理策略包含自留、保險、財務上的契約移轉等策略。其中自留包含自行承擔、自己保險與專屬保險等策略。

　　就企業主或風險管理人員而言，控制型風險管理策略較具優先性，因為企業應優先採取可行的控制型風險管理策略降低損失發生的頻率或幅度，隨後可以再根據風險類別進一步透過財務型風險管理策略管理風險。

(1)控制型風險管理策略

a.避免：

為減少事故或損失之發生，直接透過避免方式。諸如避免從事具有風險性的活動，諸如避免從事飆車或跳傘等危險活動。

b.損失預防與抑制：

(a)損失預防：降低損失發生頻率的方式，諸如：定期健康檢查、飲食定時定量、避免酒後駕車及住家加強防盜保全設施等。

(b)損失抑制：降低損失金額或降低損失幅度的方式，諸如：行車繫安全帶、騎乘機車佩戴安全帽、居家設置自動灑水系統、火災感應器及住家加強防盜保全設施等。

c.非財務上的契約移轉：透過非財務面之契約約定方式移轉風險，諸如免責約定、技術移轉或委外作業等方式。

d.其他：分散、隔離、合併等。

(2)財務型 (理財型)風險管理策略

a.自留：包含風險承擔、自己保險與專屬保險三者。

(a)自行承擔：自行承擔風險；可能因為漠視風險、忽略風險或損失幅度頻率皆過低。

(b)自己保險或自己保險基金 (Self insurance)：企業平時定期自行儲備基金或提撥基金，以備意外損失之用。自己保險需有大量的危險單位、足夠的損失資料、良好的財務狀況與管理制度。

(c)專屬保險(Captive insurance)：企業集團為節省保險費用、增加業務彈性與承保自己企業集團標的，自行設立附屬保險機構，Ex：長榮集團即成立集團本身之專屬保險公司。

b.保險：透過投保財產及責任保險、人身保險或社會保險等各種保險商品，將風險移轉給保險人；保險事故發生，可從保險人獲得理賠，以降低損失。[15]

---

[15]可保風險需要有以下要件，列舉如下：(1)大量且同質的危險單位

c.財務上之契約移轉：諸如透過巨災證券、巨災債券、遠期契約、期貨、選擇權、利率交換等衍生性金融商品，將損失移轉予其他個體。列舉部分財務上之金融移轉工具如下：

(a)巨災債券 (Catastrophe bond)：巨災債券類似於一般公司債，但巨災債券投資人不承擔發行公司之信用風險，而是承擔約定巨災事故發生的風險。巨災債券是以天然巨災之發生與否為償付條件變動的依據，債券買賣雙方透過資本市場發行債券之方式，由投資人支付債券本金進行承購，發行者則按約定支付債息，並以未來之巨災發生與否，作為後續付息及期末債券本金清償比例之依據。[16]

(b)期貨避險：當投資人已持有股票現貨而需規避特定股票之市價下跌風險時，可在期貨市場上放空(賣出)期貨。若要規避股票市價上漲的風險，則可以買進期貨來規避風險。[17]

(c)選擇權避險：當投資人已持有股票現貨而需規避特定股票之市價下跌風險時，在選擇權市場上可買進「賣權」。若要規避股票市價上漲的風險，則可以買進「買權」來規避風險。

4.定期檢討與調整

定期檢視、檢討與控制，並進一步修訂與調整風險管理計畫，以符合時宜。

---

(2)損失並非故意行為所致　(3)損失需能夠明確評估　(4)損失並非巨災
(5)保費合理
[16]參許文彥(2012)
[17]參謝劍平(2013)，第十一章~第十二章

小叮嚀：

1.控制型風險管理策略著眼於損失控制，包括降低損失頻率與損失幅度方法，包含避免、預防與抑制或非財務上之契約移轉等方法。

2.財務型風險管理策略著眼於損失的資金籌措，諸如：自留、保險與財務上的契約移轉等各式方法；自留包含自行承擔、自己保險及專屬保險等。

3.損失頻率低，損失幅度高較適合以保險作為風險管理策略，因為此時才能符合可保危險之要件，不僅保費合理低廉，而且透過保險金可以彌補無法承擔之損失。

4.**大型企業集團以專屬保險處理危險之理由：**

(1)難以適當的保費取得保險：諸如特定產業的商業保險保費可能過於昂貴，此時透過設立專屬保險公司管理風險，可取得更經濟的成本。

(2)盈餘與成本考量：事故不發生或損失率低可以產生盈餘，事故發生可透過保險理賠彌補損失；然而企業集團規模夠大且損失控制佳，才能有經濟效益。

(3)增加承保業務之彈性：可以針對企業保險需求，量身規劃適當的保險商品與保障範圍，對於集團而言較具承保彈性。

小叮嚀：

1. 風險管理應該先評估風險可否<u>避免</u>、若無法避免則思考能否<u>損失控制(預防與抑制)</u>，若仍無法控制則選擇<u>損失自留</u>，但針對超出承擔能力的損失，仍應設法<u>移轉</u>。

2. 減緩風險幅度嚴重性屬於控制型風險管理工具(損失控制型策略)，包含對於損失頻率與損失幅度的控制。

3. 透過成立專屬保險公司管理風險，整體上風險仍由該集團承擔，就整個集團角度來說仍為自留。

4. 避免可以降低風險發生的頻率，屬於廣義的預防措施之一。

5. 保險屬於風險的移轉。自行承擔或提撥準備金皆屬於財務型風險管理策略。

必考要點：

不同屬性的風險，須採用不同的風險管理方法，摘述如下：

1. 損失頻率高且損失幅度高：避免、預防與抑制。

2. 損失頻率高且損失幅度低：自己保險、自行承擔、損失預防。

3. 損失頻率低且損失幅度高：保險、移轉與損失抑制。

4. 損失頻率低且損失幅度低：自行承擔、忽略。

風險管理概念分享：

　　針對損失頻率高且損失幅度高，諸如飆車、衝浪或跳水等高風險活動，應避免此類冒險活動。即使堅持參與諸如飆車等冒險活動，也應該作好安全防護措施並在安全場所活動為宜，則屬於預防與抑制。

六、風險管理個案研討

1.以自用小客車為例，說明車主可採取之風險控制方法。

(1)風險控制方法主要針對損失頻率與幅度進行控制。包含避免、預防與抑制或非財務上之契約移轉等各式方法。其中損失抑制主要為對於損失幅度的控制，損失預防則主要對於損失頻率的控制。

(2)自用小客車可採取之風險控制方法及理由：

　a.避免或降低損失頻率：透過小心駕駛、避免酒駕、避免過勞駕駛、避免長途跋涉、裝設安全設備與定期保養維修等方法、可以降低保險事故發生機率，也可以因為理賠紀錄良好而調降保費。

　b.損失抑制：透過繫安全帶、配備安全氣囊、不超速與遵守交通規則等各項方法，有助於降低車禍發生時的損失幅度，避免損失過大。

2.依損失頻率高低與損失幅度大小，說明汽車風險之保險規劃原則。[18]

(1)損失頻率高，損失幅度高：針對酒駕、飆車、疲勞駕駛等不當駕駛行為，建議採取避免、預防與抑制。

(2)損失頻率高，損失幅度低：針對汽車遭遇刮損等不明車損之事故，可以透過自己保險或自行承擔等方式管理風險。

(3)損失頻率低，損失幅度低：針對汽車輪胎磨損或雨刷更換等，建議可採取自行承擔或忽略方式管理。

(4)損失頻率低，損失幅度高：針對重大車禍、汽車被竊等損失機會低、損失金額高之風險，可透過投保汽車車體損失險、投保汽車竊盜險與第三人責任險移轉風險。

---

[18]參保險事業發展中心，風險管理與保險規劃，P.148-150

3.家庭財產風險管理的實施步驟

家庭財產風險管理的實施步驟如下：

(1)風險的確認：

透過保險調查法、聯繫詢問法或風險列舉法等方法確認出可能之財產與責任風險。

(2)風險的評估：

評估風險發生的頻率、幅度與風險變異程度、家庭的風險承擔能力等。

(3)選擇並執行風險管理策略

針對危險標的、事故與可採行風險管理策略，摘要列表如下：

危險標的	危險事故	風險管理策略
建築物、動產、第三人賠償責任	火災、閃電、雷擊、地震、颱風、洪水、竊盜、玻璃損壞、第三人賠償責任等	1.控制型風險管理策略：滅火器與火災感應器之設置 2.保險：住宅火險、地震基本保險附加颱風洪水險等
汽車、機車	a.碰撞、傾覆 b.火災 c.閃電、雷擊 d.爆炸 e.拋擲物或墜落物 f.第三者之非善意行為 g.其他原因/不明車損 h.偷竊、搶奪、強盜 i.賠償責任	1.控制型風險管理策略：定期車檢、配戴安全帽或繫安全帶、避免酒駕與長途跋涉。 2.保險：汽機車車體損失險、汽車竊盜險、強制與任意第三人責任險，附加零配件被竊損失險等 3.定期提撥汽機車維修與改良基金

危險標的	危險事故	風險管理策略
被保險人	a.意外身故、殘廢 b.意外醫療 c.住院醫療 d.重大疾病	1.配戴安全帽與安全帶 2.自己保險：緊急醫療基金 3.保險：傷害保險或健康保險
旅客	a.旅遊意外身故、殘廢與醫療 b.旅遊不便	1.投保旅行平安險與旅遊不便險 2.留意旅遊地區風險資訊並適當管理風險

(4)定期檢討與調整

4.業主對其所擁有之商業大樓應規劃的財產風險管理步驟。

業主對其所擁有之商業大樓，應規劃的財產風險管理步驟如下：

(1)風險的確認

a.實地調查法：實際察看商業大樓內外環境，針對可能造成危安事故或風險事故的場所，逐一列出。

b.聯繫詢問法：透過詢問勞工安全衛生人員與保全管理人員，了解可能風險。

c.審閱文件紀錄法：例如審閱過去相關事故紀錄。

d.其他：契約分析法、保單對照法等。

(2)風險的評估

評估損失頻率、損失幅度、風險承擔能力與危險變異程度。

(3)選擇並執行風險管理策略

a.偷竊、強盜：透過全程錄影、保全與門禁管制等維安設施。

b.火災、地震：投保火災保險與地震保險、裝設滅火器材、感應器與警報器。

c.公共意外責任：投保公共意外責任保險與電梯責任保險等。另外，保全人員應做好人員管理，並避免攜入危險物品。

d.自己保險：定期提撥緊急應變基金。

e.停車場保管或人員管理：保全管理、定期安檢並設置安全衛生人員。

f.設置安全警報器、建置安控設備及配合派出所巡查。

g.實施人員疏散演練及防災實務訓練、加強設備定期保養維護。

(4)定期檢討與調整

5.八仙塵爆事件造成重大傷亡，請說明如何規劃遊樂園或娛樂場所的財產風險管理？

遊樂園或娛樂場所的財產風險管理步驟規劃如下：

(1)風險的確認

　a.實地調查法：針對遊樂園或娛樂場所內，調查可能產生塵爆、火災、摔落、受傷與機械故障的各種風險。

　b.聯繫詢問法與請教專家法：透過詢問勞工安全衛生人員、執行活動人員、相關部門人員或外部廠商人員，進一步了解可能風險。

　c.審閱文件紀錄法：透過審閱遊樂設施的維修保養與保固記錄、過去相關事故紀錄等文件了解可能風險。

(2)風險的評估

　　評估損失頻率、損失幅度、風險承擔能力與風險變異程度；並進一步編繪出風險矩陣或風險地圖。

(3)選擇並執行風險管理策略

　a.偷竊、強盜：透過全程錄影、保全與門禁管制等維安設施。

　b.火災、塵爆、地震：除投保火災保險與地震保險外，並裝設滅火器材、自動灑水系統與火災感應器、嚴禁主辦單位或遊客攜入可能產生塵爆或火災的各項危險物品。

　c.公共意外責任:投保公共意外責任保險與電梯責任保險等。另外，安管人員應做好人員管理與維護，避免易燃物品、爆裂物品、可能塵爆物品或危險物品被攜入活動場所。

d.自己保險：定期提撥緊急應變基金。

　　e.停車場保管或人員管理：保全管理、定期安檢並設置安全
　　　衛生人員。

　　f.設置安全警報器、建置安控設備、落實人員疏散演練並加
　　　強防災實務訓練、設備定期保養維護及人員出勤管理從嚴
　　　等。

(4)定期檢討與調整

📖名詞爭議與建議：

產官學界間或不同老師間，對於風險管理很多名詞存有爭議或
差異，諸如：風險管理或危險管理？風險的確認或辨識風險？
風險管理策略或風險管理方式？自己保險或自我保險？純損風
險或純(粹)風險？風險的衡量或風險的評估？財務型還是理財
型、融資型？建議讀者或考生可依照出題老師的題目文字為主，
使用文字建議與考題所用文字相同為宜。

第二節　精選考題與考題解析

壹、風險管理師考題選編、作者自編與參考解答

一、選擇題

C　1.假設：①靜態風險、②動態風險、③特定風險、④團體風險，則具有純損危險性質者為　A. ①,②,③　B. ②,③,④　C. ①,③,④　D. ①,②,③,④

● 靜態風險、特定風險與團體風險皆具有純損危險之性質。相形下動態風險則無。

A　2.假設：①風險避免、②損失預防、③自負額、④風險承擔，則屬於危險管理方法中危險控制類型者包括 A. ①,②　B. ②,③　C. ③,④　D. ①④

● 風險管理的措施中，風險控制包含對於損失頻率與損失幅度的控制，包含損失控制（預防與抑制）、避免、移轉等方法。

D　3.下列何者屬於損失抑制措施　A.消防救火　B.災後清理或出售殘餘物　C.傷者急救送醫及復健　D.以上皆是。

● 風險控制包含對於損失頻率與損失幅度的控制，損失抑制屬於損失幅度的控制，消防救火、災後清理或出售殘餘物或急救送醫等皆屬於損失幅度的降低措施。另外，損失預防則屬於損失頻率的控制，包含諸如不允許使用瓦斯爐、留意爐火操作安全與定期安檢等。

A　4.風險管理的第一步驟為確認風險，包含①保險調查法、②保單檢查法、③財務報表分析法、④流程圖法等方法，僅具有確認可保風險的方法為　A. ①,②　B. ②,③　C. ③,④　D. ①,②,③,④

- 確認可保風險之方法主要與保險契約與投保攸關，可包含保險調查法與保單檢查法。財務報表分析與流程圖法則為確認風險項目之方法，範圍包含不可保風險。

B 5.紡織廠內發現機器上堆積棉絮係屬　A.風險事故 B.危險因素 C.風險定義 D.損失機會。

D 6.單一危險單位，在單一事故中可能發生的最嚴重損失幅度，稱為 A.正常可預期損失 B.最大預期損失 C.最大可預見損失 D.最大可能損失

- 最大可能損失(Maximum Prossible Loss)為最嚴重的損失金額；最大預期損失(Maximum Probable Loss)則為評估後可能發生之損失，存在差異。

B 7.下列選項中所列之風險種類中，同時具有純損危險性質與投機危險性質者為 A. 動態風險　B.基本風險　C.特定風險 D. 靜態風險

- 通常靜態風險與特定風險僅具有純損危險之性質，因此答案排除。相形下，基本危險多屬於團體性的危險，可能包含純損危險與投機危險，例如：失業、金融海嘯、地震颱風等；動態風險多為投機風險。

A 8.就保險契約法觀點，保險契約所承保之特定事件，如該特定事件之發生與要保人或被保險人無關者稱之為 A.客觀危險 B.主觀危險 C. 系統性危險 D.非系統性危險

D 9.假設：①專屬保險、②民間之保證、③買賣契約中之免責協議、④轉包。屬於移轉型風險管理方法者為 A. ①,② B. ①,②,③ C. ①,④ D. ②,③,④

- 移轉包含控制型契約移轉與財務面移轉皆是，專屬保險屬於自留的一種，就集團整體來說並未對外移轉。

C　10.假設：①大數性、②損失分散性、③同質性、④移轉，
　　則保險基本原理中有效之結合原理應具備之主要特性包
　　括 A. ①,②　B. ②,③　C. ①,②,③　D. ①,②,③,④

●　保險原理為透過大數法則的應用，將大量同質性的危險個
　　體結合，達到危險分散與損失分擔的效果。

B　11.某電子大廠因地震所造成之營業中斷損失屬於　A.直接
　　損失　B.間接損失　C.責任損失　D.以上皆非。

B　12.下列何者為「風險控制」性質之風險管理方法？A. 設定
　　自負額 B.保證 C.提撥意外準備金 D.專屬保險

●　保證屬於控制型契約移轉；風險控制包含避免、預防與抑
　　制與契約移轉。

B　13.下列何者不屬於風險管理之成本？　A.保險費　B.保險
　　賠款　C.減少產量　D.安全設備支出。

●　保險費屬於風險管理的成本，但因為保險事故發生而獲得
　　的保險理賠，則不得列入風險管理之成本，保險理賠屬於
　　損害的補償概念。

A　14.損失發生的原因係屬 A.風險事故 B. 風險程度 C.損失
　　機會 D.損失程度

●　(危)風險因素→(危)風險事故→損失；因此損失發生的原因
　　為風險事故。

A　15.一般人都有將電腦資料做異地備份或光碟備檔之動作，
　　請問此行為係風險管理之那一個方法？ A.分散　B.損失
　　預防與抑制　C.避免　D.移轉

A　16.下列那一種風險並非是保險公司所稱的不可保風險？
　　A.設備毀損風險 B.政治風險 C.投資風險　D.利率風險

- 許多的財產風險是可保的，因此有財產保險。另外，金融投資或政治風險屬於投機或基本危險，常為不可保危險。

D　17.個人財產風險係指 A.房屋　B.租金損失　C.動產 D.以上皆是

B　18.下列何種風險非屬純損風險之範疇 A.財產風險 B.財務風險 C.責任風險 D.人身風險

C　19.下列何種風險非屬動態風險 A.創新風險 B.財務風險 C.海嘯風險　D.生產風險

- 海嘯屬於靜態風險，靜態風險包含天然災害或人為災害。

B　20.專屬保險係屬下列何種風險管理之方法 A.風險控制 B.風險理財 C.風險移轉 D.風險避免

- 專屬保險屬於自留的一種，自留屬於風險理財(財務型風險管理方法)。

D　21.因為資訊革命造成企業用人精簡導致一些人之失業是屬於 A. 季節性失業 B. 循環性失業 C. 摩擦性失業 D.結構性失業

- 結構性失業：主要指經濟結構變遷使得某一產業或部門的失業，諸如：傳統家庭代工的業務，移轉至中國大陸後，造成一連串的失業。另外技術性的失業，亦可歸為結構性失業，諸如：技術的進步使得生產商品的方式改為自動化，因而造成人力需求的降低。

D　22.損失的不確定性本身應該包含許多特質，下列何者為是？ A.損失是否發生不確定 B.損失發生的時間不確定 C.損失發生的原因不確定 D.以上皆是。

C　23.下列何者為非實質危險因素？ A.建築物的四周環境

B.行業別 C.經營管理能力 D.電力設施。

C 24.下列何者為保險人可保風險之要件？ A.損失機率不過高之風險 B.風險事故引起標的物之損失不易確定 C.風險暴露單位須大量且同質 D.發生較小之損失金額。

B 25.下列何者不屬於個人財產風險之保險範疇？ A.房屋 B.土地 C.汽車 D.機車。

● 火災保險並未承保土地，主要承保房屋與動產等標的。

A 26.下列何者為個人之過失責任風險種類？ A.汽車責任風險 B.污染責任風險 C.公共意外責任風險 D.產品責任風險。

● 其他選項屬於企業責任保險的領域。

A 27.低頻率與高嚴重性之損失宜採何種風險管理方式減少對財務之衝擊？ A.風險移轉 B.風險避免 C.風險自留 D.專屬保險。

A 28.下列何者之責任風險說明為不正確 A.責任風險之來源只包含財產損害 B.責任風險之損失可能無上限 C.責任風險可能產生巨額訴訟費用 D.責任風險可能使人喪失現在與未來資產。

● 責任風險涵蓋人身傷亡、醫療與收入損失、財產損失賠償責任等各項賠償責任。

C 29.下列大數法則之敘述何者不正確 A.風險暴露單位數須有一定規模 B.以相同性質的危險單位為基本假設 C.損失統計資料須可長期使用 D.道德危險破壞大數法則的基本原理。

D　30.下列那種方法係保險從業人員所主導的一種確認與分析
　　　風險的方法　A.實體檢查法　B.財務報表分析法　C.契約分
　　　析法　D.保險調查法。

D　31.於銀行入口處雇用警衛以嚇阻歹徒入侵是屬於：　A.風險
　　　避免　B.風險移轉　C.損失抑制　D.損失預防
●　　嚇阻歹徒入侵屬於損失預防(降低損失發生的頻率)。

D　32.下列何者非為再保險之安排？　A.臨時再保險　B.合約再
　　　保險　C.轉再保險　D.海上保險。
●　　A~C選項皆屬於再保險之安排，因此選D。

C　33.何者之風險確認方法可兼顧可保與不可保風險暴露單位，
　　　亦具有可量化與前瞻性之優點　A.保單調查法　B.保單檢
　　　查法　C.財務報表分析法　D.以上皆是。

B　34.下列何者可用來衡量風險　A.機率　B.標準差　C.利率
　　　D.現值。

A　35.下列何者為地震風險之最適當管理方法　A.保險　B.損失
　　　控制　C.風險避免　D.風險自留。

B　36.下列那種風險最適合車主透過保險管理風險　A.「損失機
　　　會低且損失金額小」之風險　B.「損失機會低但損失金額
　　　大」之風險　C.「損失機會高但損失金額小」之風險
　　　D.「損失機會高且但損失金額大」之風險。

D　37.心理風險因素又稱　A.心理因素　B.風險因素　C.道德
　　　因素　D.怠忽風險因素

A　38.設計錯誤係屬　A.動態風險　B. 靜態風險　C.變動風險
　　　D.社會風險
●　　設計錯誤可能是因為民眾之偏好改變所致，屬於動態風

險。

D 39.將電腦內之資料備份並置於安全地區係屬下列何種風險管理方法? A.風險移轉　B.風險避免　C. 風險自留　D.分散

B 40.風險管理方法中之風險理財包含(1)風險自留、(2)損失抑制、(3)自負額、(4)專屬保險 A.(1),(2)　B. (1),(3),(4)　C.(2),(3)　D.(2),(3),(4)

B 41.財產遭遇火災所致之直接或間接損失之風險，屬下列何種風險?(1)純損風險、(2)投機風險、(3)靜態風險、(4)動態風險 A.(1)　B.(1)(3)　C.(1)(4)　D.(2)(3)(4)

A 42.不隨社會、政治、經濟、技術或人類需求變化的危險，屬於下列何種危險？　A.靜態危險　　　　B.基本危險　C.特定危險　　D.基本危險

B 43.下列何者為不可保風險？　①淨利損失風險　②市場風險　③製造業生產風險　④投機風險　　A. ①，②，③　B. ①，②，④　C. ①，③，④　D. ②，③，④

● 淨利損失風險通常是不可承保的，因為影響淨利風險的因素頗多且難以控管衡量。相形下，部分的收入損失風險是可保的，例如：營業中斷或連帶營業中斷損失。

B 44.下列何者屬於風險控制的方法？　①風險避免　②風險自留　③風險分散　④損失預防　A. ①，②，④　B. ①，③，④　C. ①，②，③　D. ①，②，③，④

A 45.對於財產的損失衡量，產險業通常採用下列那些衡量工具？　①市場價值　②實際現金價值　③重置成本　④

累計折舊　A.②, ③　B. ②,③,④　C.①,②,④　D.①, ②,③,④

B　46.因財產毀損而花費之修理復原費用，屬於下列何項損失？
　　A. 間接損失　B.直接損失　C.從屬損失　D.責任損失

C　47.在高樓中加裝自動消防系統，以減輕火災損失之處理危
　　險方法，稱為：
　　A.危險避免　B.危險移轉　C.損失抑制　D.危險分散

A　48.下列何者為火災保險的間接（或從屬）損失保險？
　　A.營業中斷保險　B.颱風及洪水附加保險　C.動產保險
　　D.玻璃保險

D　49.某進口商在未來三個月要從美國進口一批零件，擔心台
　　幣貶值將使其進口成本大增，因此與對方約定付款貨幣為
　　台幣，這種作法是屬於風險：
　　A.自行承擔 B.避免 C.分散 D.移轉
● 透過期貨選擇權商品或契約避險，屬於財務上的移轉。

二、簡答題

1.何謂損失機會(Chance of Loss)？何謂風險程度(Degree of Risk)？二者有何不同？試舉例說明之。

參考解答：

(1)損失機會：指特定期間內，風險單位可能遭受損失的次數或
　程度。損失機率若以百分比呈現，即指損失發生的機率相當
　於損失機率，即平均損失機率。
　　損失頻率 ＝ 發生損失單位數 / 整體單位數。

(2)風險程度：指發生損失的實際經驗與預期經驗之變異程度。
　　風險程度=(實際損失次數-預期損失次數)/預期損失次數

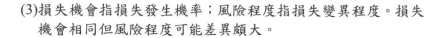

(3)損失機會指損失發生機率；風險程度指損失變異程度。損失機會相同但風險程度可能差異頗大。

2.風險管理方法中有所謂的計畫型自留，試說明採用計畫型自留的原因何在？

參考解答：

計畫性自留之可能原因如下：

(1)其他風險管理的成本相對高：尤其自留額度以內之小額損失，其風險成本可能頗高，例如：透過保險移轉風險或採取預防與抑制並無效益，所以針對一定金額以下之損失金額，改採自行承擔或自己保險。

(2)個人或企業有財務能力承擔可能損失。

(3)其他風險管理的方法無法有效管理。

(4)已擁有足夠數量的危險單位與多年的損失統計資料，可有效預估損失。

(5)保險商品訂有自負額或自付比例，因此針對自負部分自留。

3.何謂重置成本(Replacement Cost)？何謂功能性重置成本(Functional Replacement Cost)？二者有何不同？

參考解答：

(1)重置成本指以全新財產取代損壞財產所需之成本。全新的財產與損壞之財產可能不完全相同，但規格相當。進一步來說，重置成本指事故發生後，保險標的物以類似品質或規格的標準，在當時與當地重建、重製或重置所需成本。

(2)功能性重置成本：功能性重置成本指以相同功能但型號不同之全新財產的重置成本評估損失金額。

4.何謂道德危險因素(Moral Hazard)？何謂心理危險因素(Morale Hazard)？二者有何不同？試舉例說明之。

參考解答：

(1)道德風險因素：指個人不誠實或不正直的行為或企圖，故意促使危險事故發生，以致於引起損失結果或擴大損失程度。諸如：自殺、自殘、縱火、殺害、偽照病歷詐領保險金等。

(2)心理或怠忽風險因素：指個人疏忽或消極的行為，以致於引起損失結果或擴大損失程度。諸如：因投保火險因此發生火災時不積極搶救、疲勞駕駛、有保險亂開車、不遵守交通規則、疏於保養汽車等行為。

(3)差異：道德風險因素屬於故意行為所導致、心理風險因素屬於消極怠忽行為而非故意行為所導致，明顯存在差異。

5.可保風險之要件有那些？試列舉五種以對。

參考解答：

可保風險需要有以下要件，列舉如下：

(1)大量且同質的危險單位

(2)損失並非故意行為所致

(3)損失需能夠明確評估

(4)損失並非巨災

(5)保費合理

6.何謂實際現金價值(Actual Cash Value)？實際現金價值與一般會計所認列之帳面價值(Book value)有何不同？

參考解答：

(1)帳面價值(Book Value)=原始成本-累計折舊

(2)實際現金價值(Actual cash value)=重置成本-實際折舊

(3)差異點：帳面價值以原始成本為基礎評價，而且計算折舊以原始成本為基礎分期攤銷。實際現金價值以重置成本為基礎評價，而且實際折舊以重置成本為基礎分期攤銷。

7.何謂靜態風險(Static Risk)？請列出4種靜態風險之名稱？

參考解答：

(1)靜態風險：不隨經濟、社會或科技等改變之風險，包含自然
　環境或人為錯誤所致之風險，諸如：火災、地震、操作不當
　等。通常絕大多數的靜態風險屬於純損風險。
(2)靜態風險包含天然災害或人類錯誤行為等危險因素，諸如：
　地震、海嘯、火災、竊盜與意外身故等。

8.一個組織或經濟單位在管理風險之前，通常都會使用一種或數種風險確認(認知)的方法來確認風險，請擇要說明六種風險確認(認知)之方法？

參考解答：
(1)實地調查法：親臨現場勘查，以了解可能之風險。
(2)聯繫詢問法：透過調查、聯繫、詢問與訪談等，以了解可能
　之風險。
(3)審閱文件紀錄法：透過審閱會議紀錄、內部簽核文件與內部
　報表等紀錄，以了解可能之風險。
(4)流程分析法：透過各項作業流程圖，以了解可能之風險。
(5)財務報表分析法：透過各財務報表與會計師查核意見等內容，
　分析可能之風險。
(6)其他：契約分析法、風險列舉法、保險調查法、表格問卷法、
　專家意見法等。

9.請簡述支付損失的籌措資金的方法？

參考解答：
支付損失的籌措資金方法可透過以下方式：
(1)保險：投保保險，並透過保險理賠支付損失。
(2)自己保險：定期自行提撥緊急應變基金。
(3)非保險移轉：透過財務性契約移轉，諸如：衍生性商品避險。

10.個人財產風險主要包括那些項目？請簡述之。

參考解答：
個人財產損失風險主要包括如下：

(1)不動產：房屋因為火災及地震所導致之毀損與損失。

(2)動產：汽車、家具衣李、金錢、電腦設備與貴重物品之毀損或竊盜等風險。

(3)租金損失風險：因風險事故發生而導致租金損失。

(4)責任風險：由於契約關係或侵權行為導致依法須負擔賠償責任之風險。

11.何謂「實際現金價值」？請簡述之。

參考解答：

實際現金價值依據重置成本扣除實際折舊計算，其中實際折舊依重置成本計算。例如：實務上保險理賠時，依照保險事故發生時，被保險標的之重置成本扣除實際折舊後之餘額，作為保險理賠金額上限。

12.風險評估的基本工具有那二種？ 而表現嚴重性之觀念有多種，除風險管理學最常使用的 PML 與 MPL 外，就其他輔助工具，請簡述其中三種。

參考解答：

1.風險評估可以分別就損失頻率與損失幅度來衡量評估。損失頻率為損失發生機率的衡量、損失幅度為損失金額的衡量。

2.衡量損失幅度之其他輔助工具：

(1)年度最大可能損失(Maximum Probable Yearly Aggregate Dollar Loss, MPY)：指在同一年度內，個人家庭或企業可能遭遇的累積最大損失金額。

(2)VaR(Value at Risk,風險值)：風險值為絕對損失金額概念，透過風險值可以在一定期間內及特定信賴區間下，計算可能產生之損失金額。

(3)其他：依照損失幅度區分等級方法，例如：將損失幅度區分成五等級。

13.何謂動態風險(Dynamic Risk)？請列出 4 種動態風險之名稱？

參考解答：

動態風險指隨經濟、社會或科技等改變之風險。諸如股票或外匯投資風險、社會變遷、經濟波動與民眾偏好改變等風險。

14.何謂純損風險(Pure Risk)？可分為那三種風險？

參考解答：

(1)純損風險：指只有損失發生機會而無獲利機會之風險。諸如建築結構、使用性質、汽車廠牌與製造年份、居住地區、工作環境與職業性質等。

(2)純損風險依照風險標的物之性質（損失發生對象）分類，可分為以下三種風險：

　a.人身風險：與人類身體有關之風險，諸如：生育、年老、疾病、死亡與殘廢等。

　b.財產風險：與個體所擁有財產攸關之風險，諸如：房屋建築結構差、居住地震帶、居家未安裝鐵窗、居住低漥地區、超速行駛與飆車等可能造成房屋毀損、竊盜與車禍等事故。

　c.責任風險：由於契約關係或過失侵權行為，導致依法須負擔賠償責任之風險，諸如：車禍賠償責任與執業責任。

15.何謂損失次數(Frequency of Loss)與損失幅度(Severity of Loss)?請簡述之。

參考解答：

(1)損失頻率：指平均損失機率，損失頻率 ＝ 發生損失單位數 / 整體單位數。

(2)損失幅度：指平均損失金額，損失幅度 ＝ 損失金額 / 損失發生次數。

16.在不同損失嚴重性（幅度）與損失頻率的情形下，可採行那些風險管理方法？請扼要說明之。

參考解答：

(1)損失頻率高且損失幅度高：避免、預防與抑制。

(2)損失頻率高且損失幅度低：自行承擔、自己保險、損失預防與控制。

(3)損失頻率低且損失幅度高：保險、移轉與損失抑制。

(4)損失頻率低且損失幅度低：自行承擔、忽略。

17.何謂道德風險？道德風險所導致的損失可否獲得理賠？

參考解答：

(1)道德風險因素：指個人不誠實或不正直的行為或企圖，故意促使危險事故發生，以致於引起損失結果或擴大損失程度。諸如：自殺、自殘、縱火與殺害、偽照病歷詐領保險金等。

(2)道德風險所導致之損失無法獲得理賠，因為保險人無法公平合理地將道德風險納入費率計算基礎或合理評估損失。

18.骨牌理論(Domino Theory)

參考解答：

骨牌理論指出風險事故的發生是經由一連串的風險因素所導致，因此為避免或減少危險事故發生的損失或機率，應設法消除特定風險因素，以避免一連串風險因素導致事故發生。

主要題目來源：風險管理學會個人風險管理師考題或作者自編或修訂

貳、財產保險經紀人：財產風險管理考題與參考解答

一、何謂實質危險因素(Physical hazards)，一般而言，保險公司承保火災保險時，主要考慮之實質危險因素有那些？

參考解答：

1. 實質風險因素：風險標的所具備足以引起損失結果或擴大損失程度的實質條件。諸如：地震、路衝、建材、居住於低窪地區或地震帶、建築結構差等。

2. 保險公司承保火災保險時，主要考慮之實質危險因素：

(1)房屋的建築結構：磚造結構、RC 結構、SRC 結構等

(2)房屋的使用性質：營業用或自用

(3)位置與地區：居住地區、是否居住於地震帶上

(4)其他：消防設備、樓層與裝潢建材等

二、危險控制(Risk control)及危險理財(Risk financing)有何不同？其中，危險控制之方法有哪些？試說明之。

參考解答：

風險管理策略可分為控制型風險管理策略與財務型風險管理策略。

1. 控制型風險管理策略包含避免、損失頻率與損失幅度的控制或非財務上之契約移轉等各式方法。其中損失抑制主要為對於損失幅度的控制，損失預防則主要對於損失頻率的控制。

2. 財務型風險管理策略範圍包含自留、保險、財務上的契約移轉等各式方法。自留包含自行承擔、自己保險及專屬保險等。

三、何謂可管理危險(Manageable Risk)？可管理危險之構成要件為何？

參考解答：

可管理危險指可藉由危險管理方法降低或避免危險與損失，則該危險屬於可管理危險。可管理危險需要符合以下要件，列舉如下：[19]

1.非巨災危險

2.危險可有效避免、預防或抑制

3.危險及損失可以明確評估且危險管理成本合理

四、採用現金流量(Cash flows)分析以選擇危險管理技術之主要優缺點為何？試分別說明之。

參考解答：

採取現金流量分析以選擇危險管理技術之主要優缺點如下[20]：

1.優點：

(1)可客觀科學地評估選擇危險管理技術，避免主觀或不正確的判斷。

(2)考慮貨幣時間價值及所有的現金流量，相對完整與客觀。

(3)NPV 代表著對公司價值或現金流量的貢獻，NPV 高則代表對於公司價值貢獻高，非常有意義。

(4)IRR 以報酬率表達，易於與資金成本比較。

2.缺點：

(1)許多危險管理技術或成本難以客觀衡量、預估或量化，諸如：專業風險管理顧問服務與迅速理賠服務等。

(2)經營環境、產業環境與公司獲利等，皆影響現金流量，因此現金流量可能難以客觀與評比。

(3)可能無法完整反映成本效益的高低或合理假設再投資報酬率等變數。

五、說明業主對其所擁有之商業大樓應規劃的財產危險管理步驟，並說明危險程度之衡量公式。

參考解答：

---

[19]參鄭燦堂(2008)

[20]參謝劍平，財務管理原理，第四版

業主對其所擁有之商業大樓應規劃的財產風險管理步驟如下：

(1)風險的確認

　a.實地調查法：實際察看商業大樓內外環境，針對可能造成危安事故或風險事故的場所，逐一列出。

　b.聯繫詢問法：透過詢問勞工安全衛生人員與保全管理人員，了解可能風險。

　c.審閱文件紀錄法：例如審閱過去相關事故紀錄。

　d.其他：契約分析法、保單對照法等。

(2)風險的評估

　評估損失頻率、損失幅度、風險承擔能力與危險變異程度。

(3)選擇並執行風險管理策略

　a.偷竊、強盜：透過全程錄影、保全與門禁管制等維安設施。

　b.火災、地震：投保火災保險與地震保險、裝設滅火器材、感應器與警報器。

　c.公共意外責任：投保公共意外責任保險與電梯責任保險等。另外，保全人員應做好人員管理，並避免攜入危險物品。

　d.自己保險：定期提撥緊急應變基金。

　e.停車場保管或人員管理：保全管理、定期安檢並設置安全衛生人員。

　f.設置安全警報器、建置安控設備及配合派出所巡查。

　g.實施人員疏散演練、防災實務訓練、設備定期保養維護。

(4)定期檢討與調整

2.危險程度之衡量公式

(1)危險程度(Degree of risk)：指發生損失的實際經驗與預期經驗變異程度。

(2)衡量危險程度之公式：

　危險程度=(實際損失次數-預期損失次數)/預期損失次數

六、危險控制（Risk Control）之目的何在？危險控制之方法有那些？並請以自用小客車為例，說明使用者可採取之危險控制方法及理由。

參考解答：

1.危險控制(控制型風險管理)策略主要針對損失發生的頻率與幅度進行控制。包含避免、損失頻率與損失幅度的控制或非財務上之契約移轉等各式方法。其中損失抑制主要為對於損失幅度的控制，損失預防則主要對於損失頻率的控制。

2.自用小客車可採取之危險控制方法及理由：

(1)避免或降低損失頻率：透過小心駕駛、避免酒駕、避免過勞駕駛、避免長途跋涉、裝設安全設備與定期保養維修等方法、可以降低保險事故發生機率，也可以因為理賠紀錄良好而調降保費。

(2)損失抑制：透過繫安全帶、配備安全氣囊、不超速與遵守交通規則等各項方法，有助於降低車禍發生時的損失幅度，避免損失過大。

七、通常衡量財產損失金額之方法有哪幾種？請針對每一種方法舉例說明之。

參考解答：

通常衡量財產損失金額之方法有以下幾種：

1.原始成本(Historical Cost)：購買或取得成本。例如：購買成本為 10 萬元，財產損失即為 10 萬元。

2.帳面價值(Book Value)：原始成本扣除會計折舊。例如：購買成本為 10 萬元，累計折舊 5 萬元，財產損失即為 5 萬元。

3.市價(Market Value)：指全新財產在市場上之交易價格。例如：毀損財產市價為 8 萬元，財產損失即為 8 萬元。

4.重置成本(Replacement Cost)：重置成本指損失發生時，以全新財產取代損壞財產所需之成本。例如：損失發生時重置成本為 5 萬元，財產損失即為 5 萬元。

5.實際現金價值 (Actual Cash Value)：實際現金價值依據重置成本扣除實際折舊計算。例如：損失發生時重置成本為 5 萬元，實際折舊為 2.5 萬，財產損失即為 2.5 萬元。

八、在財產損失評價方法中，請分別說明「歷史成本法」（Historical Cost Method）、「重置成本法」（Replacement Cost Method）、「實際現金價值法」（Actual Cash Value Method）、「帳面價值法」（Book Value Method）四者之意義？請比較四者大小關係？

參考解答：

1.損失評價方法之意義：
(1)原始成本(Historical Cost)：購買或取得成本。
(2)帳面價值(Book Value)：原始成本扣除會計折舊。
(3)重置成本(Replacement Cost)：重置成本指以全新財產取代損壞財產所需之成本。全新的財產與損壞之財產可能不完全相同，但規格相當。
(4)實際現金價值 (Actual Cash Value)：實際現金價值依據重置成本扣除實際折舊計算，其中實際折舊依重置成本計算。例如：通常保險事故發生時，依照被保險標的之重置成本扣除實際折舊後之餘額，作為保險理賠金額上限。
2.比較四者大小關係：
(1)歷史成本≧帳面價值
(2)重置成本≧實際現金價值

九、假設某財產原始成本兩萬元，耐用年限10年無殘值，於使用六年後遭火災全部毀損，損失發生時累計折舊帳戶餘額為一萬兩千元，公平市價為十萬元。請問若分別採原始成本基礎、帳面價值基礎、市價基礎、重置成本基礎、實際現金價值基礎以計算財產損失時，其財產損失之評價金額分別為何？

參考解答：

1.原始成本基礎：20,000
2.帳面價值基礎：20,000-12,000=8,000
3.市價基礎：100,000
4.重置成本基礎：100,000
5.實際現金價值基礎：100,000-100,000x0.6=40,000

十、何謂損失頻率（Loss Frequency）？何謂損失幅度（Loss Severity）？在損失頻率小但損失幅度大時，應採取何種危險管理方法較為適當？若損失頻率大而損失幅度小時，則又應採取何種危險管理方法較為適合？請舉例扼要說明之。

參考解答：
1.損失頻率：指平均損失機率。

   損失頻率 = 發生損失單位數 / 整體單位數。
2.損失幅度：指平均損失金額。

   損失幅度 = 損失金額 / 損失發生次數。
3.損失頻率高且損失幅度低：自行承擔、自己保險、損失預防。
4.損失頻率低且損失幅度高：保險、移轉與損失抑制。

十一、企業的危險管理人員可以利用那些方法來辨識危險？請扼要說明之。

參考解答：
　　確認風險之方法頗多，實務上常同時透過許多方法確認風險，以避免疏漏，摘述如下：
1.實地調查法：親臨現場勘查，以了解可能之風險。
2.聯繫詢問法：透過調查、聯繫、詢問與訪談等，以了解可能之風險。
3.審閱文件紀錄法：透過審閱會議紀錄、內部簽核文件與內部報表等紀錄，以了解可能之風險。
4.流程分析法：透過各項作業流程圖，以了解可能之風險。
5.財務報表分析法：透過各財務報表與會計師查核意見等內容，分析可能之風險。

6.其他：契約分析法、風險列舉法、保單對照法、保險調查法、請教專家法等。

十二、何謂危險控制（risk control）？何謂危險理財（risk financing）？請分別詳述其意義與內涵。上述這兩種危險管理（risk management）的方法，就企業主而言，前者較具實施的優先性，理由為何？

參考解答：

　　風險管理策略可分為控制型風險管理策略與財務型風險管理策略。

1.控制型風險管理策略包含避免、損失頻率與損失幅度的控制或非財務上之契約移轉等各式方法。其中損失抑制主要為對於損失幅度的控制，損失預防則主要對於損失頻率的控制。

2.財務型風險管理策略範圍包含自留、保險、財務上的契約移轉等各式方法。自留包含自行承擔、自己保險及專屬保險等。

3.就企業主而言，控制型風險管理策略較具優先性，因為企業應優先採取可行的控制型風險管理策略降低損失發生的頻率或幅度，隨後再根據風險類別進一步透過財務型風險管理策略實施風險管理。

十三、何謂最大可能損失（maximum possible loss）？何謂最大預期損失（maximum probable loss）？請分別說明其意義。對危險管理人（risk manager）而言，取得上述兩個數值的適用情況與目的各為何？

參考解答：

1.最大可能損失：指事故發生後，單一危險標的可能產生的最大損失金額；該金額為最壞情況下的損失金額。

2.最大預期損失：指事故發生後，單一危險標的預期可能發生的損失金額。

3.適用情況與目的：透過最大可能損失與最大預期損失，可以便於危險管理人，依照嚴重程度區分出風險，並進一步採取適當的控制型或財務型風險管理策略因應。

十四、何謂危險程度（Degree of Risk）？危險程度如何衡量？何謂損失機會（Chance of Loss）？若兩群體的損失機會相同，其危險程度是否會有所不同？試以兩個都市的住宅火災危險為例說明之。

參考解答：

1.危險程度(Degree of risk)：指發生損失的實際經驗與預期經驗變異程度。

2.損失機會(Chance of loss)：指特定期間內，危險單位可能遭受損失的次數。損失機率指損失發生的機率，與損失頻率概念相近。

3.兩群體的損失機會相同，不代表危險程度相同。

4.兩個都市的住宅發生火災的機率可能相近，危險程度可能不同。例如：兩城市的損失實際經驗與預期經驗變異程度明顯存在落差，但損失機會相近。

十五、風險理財（Risk Financing）與風險控制（Risk Control）的目的有何不同？ 風險理財方法中，在何種損失頻率與損失幅度情形下才會運用保險的方法？其理由為何？除了保險之外，尚有那些風險理財方法可以運用？請扼要說明之。

參考解答：

1.控制型風險管理策略著眼於損失控制，包括降低損失頻率與損失幅度，方法包含避免、損失頻率與損失幅度的控制或非財務上之契約移轉等各式方法。

2.財務型風險管理策略著眼於損失的資金籌措，諸如：自留、保險、財務上的契約移轉等各式方法，自留包含自行承擔、自己保險及專屬保險等。

3.損失頻率低，損失幅度高較適合以保險作為風險管理策略，因為此時才能符合可保危險之要件，不僅保費合理低廉，而且透過保險金可以彌補無法承擔之損失。

4.除保險以外，還可以透過自留與財務上之契約移轉等財務型風險管理策略，例如：自己保險、自己承擔、巨災債券、期貨避險等。

十六、試以建築物為風險曝露標的為例，運用損失頻率（Loss frequency）與損失幅度（Loss severity）的構面，採畫圖建置四種象限而形成風險圖像（Risk map）或風險矩陣（Risk matrix），並說明該四種象限損失型態的意涵與舉例？以及其應對的風險管理主要方法為何？請申論之。

參考解答：

以住家建築物為風險標的，就火災事故為例，繪圖與列舉四象限並說明如下：

1.**第一象限：損失頻率高且損失幅度高**，例如：室內烤肉、施放煙火、擺放大量石油等易燃物品。適合採取的風險管理方法為避免、預防與抑制，例如：建築物室內嚴禁煙火與易燃物品，而且裝設滅火器材、偵煙感應、監視器與自動灑水系統等設備。

2.**第二象限：損失頻率高且損失幅度低**，例如：家庭透過瓦斯爐烹煮食物，可能引燃周邊物品。適合採取的風險管理方法為自己保險、自行承擔、損失預防，例如：注意用火安全、物品擺設整齊安全以及儲備危安基金等。

3.**第三象限：損失頻率低且損失幅度高**，例如：建築物內部可能偶而發生電線走火或燭火倒塌而引起火災風險。適合採取的風險管理方法為投保保險、移轉與損失抑制，例如投保火災保險、裝設滅火器材與自動灑水系統。

4.**第四象限：損失頻率低且損失幅度低**，例如：建築物內因為偶而使用爐火，而造成輕微煙燻。適合採取的風險管理方法為自行承擔與忽略。

License

頻率

第二象限
頻率高
幅度低
自行承擔、
自己保險、
損失預防

第一象限
頻率高
幅度高
避免、預防
與抑制

幅度

第四象限
頻率低
幅度低
自行承
擔、忽略

第三象限
頻率低
幅度高
保險、移轉與
損失抑制

十七、試依損失機會高低與損失金額大小，說明汽車風險之保險規劃原則。

參考解答：

　　汽車風險之保險規劃原則，分項列述如下：

1.損失頻率高，損失幅度高：針對酒駕、飆車、疲勞駕駛等不當駕駛行為，建議採取避免、預防與抑制方法。

2.損失頻率高，損失幅度低：針對汽車遭遇刮損等不明車損之事故，建議可透過自己保險、自行承擔與損失預防方式管理風險。

3.損失頻率低，損失幅度低：針對汽車輪胎磨損或雨刷更換等，建議可自行承擔或忽略損失。

4.損失頻率低，損失幅度高：建議投保汽車保險與採取損失抑制方法，諸如：針對重大車禍、汽車被竊等損失頻率低、損失幅度高之風險，可投保汽車車體損失險、汽車竊盜險與第三人責任險移轉風險。

十八、何謂「資產損失分析法」（Asset Exposure Analysis Approach）？其適用對象為何？再者，此方法有何優缺點？

參考解答：

1.美國管理學會製作了資產損失分析表，便於一般企業確認風險或辨識風險。

2.優點：資產損失分析法主要針對一般企業設計，非常適合風險管理導入初期的一般企業使用，非常快速又方便。資產損失分析表針對公司的有形與無形資產可能之相關損失，提出簡潔完整的分析，可以讓一般企業有系統地分析資產損失風險。

3.缺點：由於分析表內容為制式表格或內容，因此無法滿足特定公司或突顯出產業差異性。

十九、請就「食安」事件，食品供應商對財產損失風險辨識方法有那些可應用？並建議優先選擇那四種方法並行？請試述之。

參考解答：

1.辨識風險之方法頗多，實務上常同時透過許多方法辨識存在的風險項目，以避免疏漏。

(1)實地調查法：親臨現場勘查，以了解可能之風險。

(2)聯繫詢問法：透過調查、聯繫、詢問與訪談等，以了解可能之風險。
(3)審閱文件紀錄法：透過審閱會議紀錄、內部簽核文件與內部報表等紀錄，以了解可能之風險。
(4)流程分析法：透過各項作業流程圖，以了解可能之風險。
(5)財務報表分析法：透過各財務報表與會計師查核意見等內容，分析可能之風險。
(6)保險調查法：透過保險公司業務人員或專業人員，進行保險需求與保單規劃建議，以了解相關可保危險與不保事故。
(7)其他：契約分析法、風險列舉法、表格問卷法、專家意見法等。

2.關於食安風險之辨識，建議優先選擇以下方法並行：
(1)實地調查法：親臨現場勘查，以了解可能之食安風險。
(2)審閱文件紀錄法：透過審閱會議紀錄、內部簽核文件與內部報表等紀錄，以了解可能之食安風險。
(3)流程分析法：透過各項作業流程圖，以了解可能之食安風險。
(4)保險調查法：透過保險公司業務人員或專業人員，進行保險需求與保單規劃建議，以了解相關可保危險與不保事故。

二十、家庭財產風險管理之目標乃為了滿足家庭及個人的效用最大化，亦即以最小的成本獲得盡可能的最大安全保障。而在確認家庭財產風險管理目標之後，即可進行財產風險管理，試述家庭財產風險管理的實施步驟。
參考解答：
家庭財產風險管理的實施步驟如下：
1.風險的確認：透過保險調查法、聯繫詢問法或風險列舉法等方法確認出可能之財產與責任風險。
2.風險的評估：評估風險發生的頻率、幅度與風險變異程度、家庭的風險承擔能力等
3.選擇並執行風險管理策略

針對危險標的、事故與可採行風險管理策略，得摘列表如下：

危險標的	危險事故	風險管理策略
住宅損失風險 建築物、動產、第三人賠償責任	火災、閃電、雷擊、地震、颱風、洪水、竊盜、玻璃損壞、第三人賠償責任等	1.控制型風險管理策略：滅火器與火災感應器之設置 2.保險：住宅火險、地震保險附加颱風洪水險等
汽車、機車	a.碰撞、傾覆 b.火災 c.閃電、雷擊 d.爆炸 e.拋擲物或墜落物 f.第三者之非善意行為 g.其他原因或不明車損 h.偷竊、搶奪、強盜 i.賠償責任	1.控制型風險管理策略：定期車檢、避免酒駕與長途跋涉。 2.保險：汽機車車體損失險、汽車竊盜險、強制與任意第三人責任險，附加零配件被竊損失險等
被保險人	a.意外身故、殘廢 b.意外醫療 c.住院醫療 d.重大疾病	1.配戴安全帽與繫安全帶 2.自己保險：緊急醫療基金 3.保險：傷害保險或健康保險
旅客	a.旅遊意外身故、殘廢 b.醫療 c.旅遊不便	1.投保旅行平安險與旅遊不便險 2.留意旅遊地區風險資訊並適當管理風險

4.定期檢討與調整

二十一、多國籍企業所面臨之經營環境和風險均較單國籍企業獨特而複雜，試說明多國籍企業相較於單國籍企業的差別，並說明此類差別可能導致之風險管理問題。

二十二、多國籍企業的跨國經營，無論對於全球或本國經濟的重要性均與日俱增。而多國籍企業與單國籍企業之間，其顯著之差異乃在於經營環境上有很大之不同，因而其所面臨之風險和風險管理之規劃均有相當獨特之處。試問多國籍企業的財產風險特性為何？

參考解答：[21]

多國籍企業之風險管理問題與獨特之處，可摘要列舉如下：

1. *財產標的分布各國且存有差異，難以管理風險*：多國籍企業的生產設備、辦公大樓與營運器材分布於各國各分支機構；而且財產功能與維護存有差異，風險管理也相對困難。

2. *多國籍企業員工管理問題較大*：由於文化、種族與語言差異，造成衝突、罷工與員工不誠實行為等問題頗多，因而造成相關損失，因此多國籍企業對於員工管理是公司經營成功關鍵。

3. *多國籍企業法令風險相對複雜許多*：不同國家或地區，法令規範不同、責任風險之賠償標準不一；尤其落後地區之法令風險難以有效管理，需要特別留意。

4. *多國籍企業政治風險與治安風險較高*：多國籍企業面臨之政治風險、罷工暴動與治安風險較高。

5. *多國籍企業投資風險或資金借貸風險相對複雜*：多國籍企業不僅投資風險不易控管，現金安全與資金借貸也相對複雜，而且經常存在匯兌風險與外匯管制風險。

6. *多國籍企業對於風險控制與風險理財方式運用，存在許多限制*：例如：保險理賠標準不同、承保範圍與不保事項存有差異、損失型態與分配存有差異、借款舉債不易、損失預防與抑制方法可能較不完整問題。此時可投保條款差異保險

---

[21] 參鄭燦堂(2008)第 12 章；宋明哲(2007)，第 22 章；廖勇誠(2013)

(Difference-In-Condition Coverage)或投過專屬保險,以解決不同國家地區間的保險條款保障或理賠差異。

二十三、企業面臨之各項決策問題中,資本支出決策是重大且常見之決策,處理此類問題之決策過程稱為資本預算決策,而資本預算決策中最常使用的兩個工具為何?

參考解答:

資本預算決策中最常使用的兩個工具如下:[22]

1. NPV 淨現值法:

(1)當投資計畫 NPV > 0 時,接受該計畫。當投資計畫 NPV < 0 時,拒絕該計畫。

(2)淨現值法優點:

　a.考慮貨幣時間價值及所有的現金流量。

　b.NPV 代表著對公司價值或現金流量的貢獻。

　c.公司總價值的增加金額相當於投資計畫的貢獻總和。

　d.在互斥型方案中作選擇時,唯有 NPV 法能提供正確決策。

(3)淨現值法缺點:未能反映成本效益的高低。

2.內部報酬率 IRR 法

(1)IRR 指將資金用於該投資計畫時,平均每期可得到的報酬率。

(2)當投資計畫 IRR > 資金成本,接受該計畫。當投資計畫 IRR < 資金成本,拒絕該計畫。

(3)IRR 法優點:

　a.考慮貨幣時間價值及所有的現金流量。

　b.以報酬率表達,易於與資金成本比較。

(4)IRR 法缺點:

　a.互斥方案時可能產生錯誤決策。

---

[22] 參謝劍平,財務管理原理,智勝文化出版

b.對再投資報酬率的假設可能不合理。

c.可能計算出超過一個 IRR 值。

二十四、有關風險之衡量,如僅基於機率觀念,根據過去損失資料,估計將來損失之頻率與幅度,顯然並不真實,因為過去與將來時間之距離,會使各種條件不斷變動,因而在風險衡量時,實應將此種變動趨勢加入考慮,通常其處理方法為何?試說明之。

參考解答:

在風險衡量時,應對於損失型態及損失型態的可預測性多加關注與評估;並應將變動趨勢加入考慮,通常可採取之處理方法如下:

1.透過損失發展因子與預測調幅(projection scale)等方法預估: 預估時納入損失頻率、損失幅度、損失變異程度、損失發展因子與預測調幅等數據,以確保誤差幅度可以縮小。[23]

2.可透過時間序列分析、動態財務預測或模擬方法預估。

3.其他:

(1)透過增加安全係數(safety margin)方法處理:例如每年增加25%的預估損失金額或次數。

(2)透過增加標準差(standard deviation)方法處理:例如透過增加2個標準差方式,預估可能的損失金額或次數。

---

[23] 參方明川(1995)

二十五、商業保險雖為各種風險管理技術中用途最廣者，但在健全之風險管理計畫中，實應以其為最後手段。當企業組織購買商業保險時，通常皆認其乃風險理財（Risk financing）中最可靠之方式，然在商業保險契約下，被保險人仍可能遭遇若干不確定性，其主要者為何？又有何因應之道？試分別舉述之？

參考解答：

1.購買商業保險雖然是可靠的風險理財方式，但商業保險商品其實有以下缺點，因而造成不確定性。

(1)不保事項不符合企業需求。

(2)自負額過高或不符合企業需求。

(3)保費金額可能不低。

(4)定型化契約之承保範圍受限，存在許多保障缺口。

(5)同時需要投保多種保險單，而且承保範圍可能重複。

2.企業之因應之道：

(1)結合主動的自留(自負額)、平時儲備自保基金、採取損失預防與抑制等風險控制與投保保險等多種方式管理風險。

(2)承保範圍部分，可透過批註或批單辦理。

(3)企業投保時，需委由專業人員協助。

(4)可考量投保綜合保險單，以降低承保範圍部分重複或缺漏。

(5)企業規模夠大，可考慮透過成立專屬保險公司方式管理與承擔風險。

二十六、風險理財可大致分為風險承擔與風險轉移兩大類，其中風險承擔依不同的損失理財方法又可分為多種方式，而非保險業之大規模企業或企業集團，可依其風險管理需求投資設立專屬保險，以承保其母企業之各項保險業務，試問設立專屬保險的優缺點為何？

參考解答：

1.專屬保險：企業集團為節省保險費用、增加業務彈性與承保自己企業集團標的，自行投資設立附屬保險機構，Ex：長榮集團即成立集團本身之專屬保險公司。

2.大型企業以專屬保險處理災害危險之優點：

(1)難以適當的保費取得保險：諸如特定產業的商業保險保費可能過於昂貴，此時透過設立專屬保險公司管理風險，可取得更經濟的成本。

(2)盈餘與成本考量：事故不發生或損失率低可以產生盈餘，事故發生可透過保險理賠彌補損失；然而企業集團規模夠大且損失控制佳，才能有經濟效益。

(3)增加承保業務之彈性：可以針對企業保險需求，量身規劃適當的保險商品與保障範圍，對於集團而言較具承保彈性。

3.大型企業以專屬保險處理災害危險之缺點

(1)投入人力與資金成本不低，導致自行設立專屬保險公司可能不符合規模經濟。

(2)專屬保險公司之承保能力仍有限，有賴與其他保險公司與再保險公司合作，才能轉移集團風險。

(3)專屬保險公司承保集團業務後，損失率是否控制得宜以及獲利率是否符合目標，仍有待商榷。

二十七、何謂損失成本（Cost of Loss）？何謂危險成本（Cost of Risk）？何謂危險管理成本（Cost of Risk Management）？請分別詳述其意義及內涵？ 請從危險管理之觀點，說明「損失成本」、「危險成本」、及「危險管理成本」三者間之關聯性？

參考解答：

1.**損失成本**：指事故發生所導致的損失金額；其中損失金額涵蓋直接損失與間接損失。

2.**風險成本或危險成本**：指管理風險之機會成本；主要包含預期損失成本、風險控制成本、風險理財成本與剩餘不確定成

本；包含風險事故發生後個人或企業可能承擔之損失、自負額、風險控制成本與保險費、行政總務費用與憂慮成本，並扣除殘餘物和保險理賠等補償。

3.**危險管理成本**[24]：危險管理成本包含財產、收入、生命及其他財物之損失成本、潛在之意外事故損失以及為因應意外事故所投入的成本等項目。

4.**損失成本與風險成本之關聯性**；風險成本包含企業自己承擔之損失、保險費、自負額、風控成本、行政總務費用與憂慮成本等，但不包含保險賠款。相形之下，損失成本主要涵蓋事故發生時個體或企業所產生的經濟損失。因此損失成本與風險成本範疇不同。

4.**風險管理成本與風險成本之關聯性**：風險管理成本與風險成本之關聯性極高。企業應透過較經濟合理的風險成本，以降低風險管理成本，並達到較大的風險管理效益。

二十八、何謂「骨牌理論（Domino Theory）」？何謂「能量(源)釋放理論（Energy Release Theory）」？請分別說明其內涵及兩者之差異？請分就「骨牌理論」與「能量(源)釋放理論」，說明經濟單位應採行何種措施達到損害防阻之目的？

參考解答：

1.骨牌理論與應採取之措施：

　　骨牌理論指出風險事故的發生是經由一連串的風險因素所導致，因此為避免或減少危險事故發生的損失或機率，應設法消除特定風險因素，以避免一連串風險因素導致事故發生。例如：意外殘廢發生是因為個人的疏忽與不當的機器操作，而個人的疏忽與不當的機器操作又由於個人或環境上的一連串不當的因素所引發。

---

[24]參鄭燦堂(2008)，P.126

2.能量釋放理論與應採取之措施：

能量釋放理論認為意外事故之發生原因為能量失去控制，因此應該採取許多控制風險的措施，以降低風險事故之發生。能量釋放理論著眼於控制能量或控制傷害性能量之釋放，並透過隔離與結構改善等損害防阻，以降低損害。能量釋放理論提到的控制風險措施可摘要列舉如下：

(1)防止能量的集中

(2)降低能量集中的數量

(3)防止能量的釋放或調整能量釋放的速率和空間的分配

(4)以不同的時空，隔離能量的釋放

(5)在能量與實物間設置障礙

(6)調整接觸面與強化結構

(7)快速偵測事故，以控制損失

(8)實施長期救護行動

3.差異：

(1)事故發生方面之差異：骨牌理論強調風險事故的發生是經由一連串的風險因素所導致；能量釋放理論認為意外事故之發生原因為能量失去控制。

(2)損害防阻方面之差異：骨牌理論強調應設法消除特定風險因素，以避免一連串風險因素導致事故發生；能量釋放理論著眼於控制能量或控制傷害性能量之釋放，並透過隔離與結構改善等損害防阻，以降低損害。

二十九、試以保險經紀人公司為例，分析其在經營過程中可能面臨之各種危險？請申論之。保險經紀人公司在面臨各項危險時，其可採行之危險管理方法各為何？請申論之。

參考解答：

保險經紀人在經營過程可能面臨之各種危險以及可採取的危險管理方法列表如下：

危險標的或項目	危險事故或摘要	風險管理策略
財產損失風險：建築物、資訊設備與辦公用品、賠償責任	火災、閃電、雷擊、地震、颱風、洪水、竊盜、賠償責任等	1.控制型風險管理策略：滅火器與火災感應器之設置 2.保險：商業火險、地震保險附加颱風洪水險等
汽車、機車	a.碰撞、傾覆 b.火災 c.閃電、雷擊 d.爆炸 e.拋擲物或墜落物 f.偷竊、搶奪、強盜 g.第三人賠償責任	1.控制型風險管理策略：配戴安全帽與繫安全帶、定期車檢、避免酒駕與長途跋涉。 2.保險：汽機車損失險、汽車竊盜險與第三人責任險，附加零配件被竊損失險等 3.定期提撥汽機車維修與改良基金
員工之人身傷害與醫療	a.意外身故、殘廢 b.意外醫療 c.住院醫療 d.重大疾病	1.配戴安全帽與繫安全帶 2.自己保險：緊急基金 3.保險：傷害保險或健康保險
市場風險	資產價值在某段期間因市場價格變動，導致資產可能發生損失之風險	應針對涉及市場風險之資產部位，訂定適當之市場風險管理機制，並落實執行，諸如敏感性分析與壓力測試。
作業風險	因內部作業流程、人員及系統之不當或失誤，或因外部事件造成之直接或	適當之權責劃分、保留交易軌跡、強化法令遵循、危機處理、加強教育訓練與業務人員管理

危險標的或項目	危險事故或摘要	風險管理策略
	間接損失之風險。	等。
法令風險	由於違反法令規範或內部控制制度不符要求，而產生的限制業務行為與罰款損失。	落實內部控制制度、內部稽核、自行查核制度與法令遵循制度。
經營風險與其他	由於不確定性，公司經營遭遇營收與獲利的損失。	公司內部經營管理績效的檢討與改善、外在威脅之因應並採取適宜的措施等

三十、請從製造業與服務業（如保險業）觀點，對於財產「風險分析（Risk analysis）」的主要功能與內容為何？請詳述之。

參考解答：

財產風險分析屬於風險的質化分析，指對於資產或責任等標的之損失型態與損失原因進一步分析探究的過程。針對製造業與保險業，列表說明財產風險分析的主要功能與內容如下：

項目	製造業	保險業
產業風險項目	●主要有形營運資產為機器設備等生財器具。 ●可能存在生產與產品相關責任風險。 ●可能產生員工生產製造過程的職災或危害風險。	●主要有形營運資產為電腦資訊系統及相關文件檔案。 ●對於客戶存在申訴或理賠糾紛風險。 ●資金的被竊或掏空等風險較高。
主要功能	●了解可能存在風險或危害的項目。 ●進一步分析損失原因、損	●了解可能產生風險的項目。 ●進一步分析損失頻率與

項目	製造業	保險業
	失頻率與幅度。 ●了解高損失頻率、高損失幅度的可能風險。 ●後續進一步對於生產製造與維修保養上採取風管措施。	幅度。 ●後續進一步針對資訊設備與檔案透過備份分散等方法控管並對於資金被竊與客戶糾紛風險嚴加控管。
主要內容	●分析那些機器設備較容易發生損失且損失金額較高。 ●分析生產與產品相關流程的可能風險。 ●分析危害或職災的可能環節。	●分析電腦資訊系統及相關文件檔案可能的風險因素與事故。 ●分析客戶可能存在的申訴或理賠糾紛。 ●分析資金保管、運送與交易過程中，可能產生的損失。

三十一、隨著時代進步及科技的創新，開拓了企業經營的領域，相對的也帶來了新的風險標的，其中又以財產風險及責任風險最為主要。但是財產損失看得見且容易評估，而責任風險卻因社會變遷、科技翻新、風險因素亦愈形複雜，故其損失額度尤其難以確定。請問責任損失主要有那兩大類型態？而在估算責任損失金額時，除了已發生並支付者外，還應對那些項目進行估算並提存準備金？且在估算責任損失金額前應瞭解事故年度，何謂事故年度？[25]

參考解答：

1.企業責任損失風險指企業因為故意、過失或疏漏，依據法令或契約應負擔之財產與人身損害賠償責任風險。企業責任損

---

[25] 參鄭燦堂(2008)，第八章；王財驛、謝淑慧(2012)，第六章

失風險主要來自於契約責任與侵權行為責任兩大類，列述如下：

(1)侵權行為責任： 企業因故意或過失而侵害他人權利，所應負擔之賠償責任。例如：有毒產品之損害責任、公害責任或污染責任。

(2)契約責任： 企業未依照契約履行債務或未依照契約或法令履行責任時，所應負擔之賠償責任。例如：職災補償責任、連帶損害賠償責任、延遲出貨或作業疏漏賠償責任。

2.準備金提存與事故年度分析： 企業編列責任損失準備金時，應同時針對已發生已支付的賠款及已發生未支付賠款進行估算與提列。

3.事故年度指保險事故發生的年度以及損失發生的年度。企業必須進一步評估事故年度、損失頻率、損失幅度與變異程度，以及未來各年度的賠償金額分布與趨勢，以作為準備金提存或投保保險的依據。

輕鬆一下：

幼稚園小班的美美有天跟奶奶說，我已經有男朋友了，而且還有其他人追我喔，讓奶奶嚇了一大跳，一直說那麼小不能交男朋友，不可以這樣。還好，爸爸補了一句，她班上的男同學就是男朋友啊，運動會時她跑第一個，所以有許多男同學追她。奶奶才鬆了一口氣。

有一對好朋友一起站在別人的轎車前面聊天，聊得太高興了，車主啟動汽車準備開動，她們還是一直聊天，完全沒有注意到車主要開車了。請猜一種飲料。

答案： Coffee 因為咖啡的台語是嘎逼，就是按喇叭的意義啊。

有一次，小陳在路邊被陌生人攔住，需要幫忙填寫問卷，小陳實在沒空，而且覺得對方沒有禮貌，一直糾纏不停，要求小陳不可以跑掉。聰明的小陳就說，沒問題，不過我在富樂保險公司服務，請你待會也幫我填個要保書，不可以跑掉喔。結果哪？陌生人馬上變臉地迅速逃跑。原來服務於保險公司有這個好處喔。

第三章 保險規劃、保險商品、保險契約概要 與考題解析

第一節 財產保險商品規劃、商品內容與特質概要
第二節 產險理賠規範與條款摘要
第三節 精選考題與考題解析

✧ 專門職業責任保險？
✧ 雇主補償責任保險
✧ 超額責任保險？
✧ 擴大地震保險？
✧ 什麼是重大疾病保險？
✧ 影響費率的相關因素？

第三章 保險規劃、保險商品、保險契約概要與考題解析

第一節 財產保險商品規劃、商品內容與特質概要

一、財產保險種類[26]

1.財產保險：指以有形財產、無形財產或責任為保險標的之保險商品。

2.保險法第十三條對於財產保險的分類：
   財產保險包括火災保險、海上保險、陸空保險、責任保險、保證保險及經主管機關核准之其他保險。

3.依產品別分類：火災保險、海上保險、汽車保險、傷害險、健康險、航空險、工程險、責任險、保證保險及其他。

4.依是否事先約定保險價額為分類標準
(1)定值保險單
(2)不定值保險單

5.依保險金額與保險價額之比較為分類標準
(1)足額保險
(2)不足額保險
(3)超額保險

6.依保險標的數量之多寡為分類標準
(1)個別保險契約
(2)集合保險契約
(3)總括保險契約

---

[26]參保險事業發展中心，風險管理與保險規劃第四章，袁宗蔚，保險學，第六章與第九章，許文彥，保險學，第四章、潘文章，保險學，第十七章與 Harvey W. Rubin, Dictionary of Insurance Terms。

二、解釋名詞與重要概念[27]

1. 定值保險契約：為訂立契約時，契約載明保險標的一定價值之保險契約，諸如：海上貨物保險、承保藝術品的火災保險。
2. 不定值保險契約：為保險契約載明保險標的之價值，須至危險事故發生後估計之保險契約，諸如：房屋火險、汽車保險。
3. 足額保險：保險金額等於保險價額，足額保險之賠償金額為損失金額。
4. 不足額保險：保險金額低於保險價額；按保險金額與保險價額之比例負擔賠償責任。
5. 超額保險：保險金額超過保險價額，賠償金額僅以保險價額為限。
6. 個別保險契約：僅承保一項標的物之保險契約。
7. **集合保險契約(Collective insurance contract)**：保險契約承保多項標的物，而且分別訂有各項標的之保險金額。
8. **總括保險契約(Blanket insurance contract)**：指以一張保險單一個保險金額，承保同一地點的許多保險標的物或不同地點的同一標的物或不同標的物之保險契約，諸如：承保數個倉庫的貨物或動產。
9. **綜合保險單(Comprehensive insurance contract)**：承保標的範圍廣泛且多元，綜合保險單均採概括式承保，不保事項以外事故皆為承保範圍。透過綜合保險單規劃個人家庭或企業的財產與人身風險管理規劃時，可以減少承保範圍部分重疊以及減少承保範圍的缺漏，因此較能符合個人家庭或企業的危險管理需要。
10. 第三類保險：指人身保險與財產保險兩者共同領域之保險業務，諸如傷害保險與健康保險。

---

[27]參火災與汽車保險契約條款與保險法條文。

11. 代位求償權：被保險人因承保範圍內之損失而對於第三人有賠償請求權者，保險公司得於給付賠償金額後，於賠償金額範圍內代位行使被保險人對於第三人之請求權。

12. 重複保險條款：指要保人對於同一保險利益、同一保險標的，在同一保險期間同時向數個保險人洽定保險契約，此時若發生同一保險事故，基於損害補償原則，各保險人依比例分攤損害賠償責任。

13. 禁止不當利益條款：被保險人或其他有保險賠償請求權之人不得藉保險而獲得損失補償以外之不當利益。被保險人或其他有保險賠償請求權之人的損失，如已由第三人予以賠償時，就該已獲賠償部分不得再向保險公司請求賠償。

三、產物保險商品概況

1.近年台灣產險業商品配置趨勢

　　觀察104年、103年與近14年台灣產險市場商品配置比率，可歸納出以下要點：

(1) 汽車保險(含汽車責任險)保費佔率最高而且呈現逐年穩定增加趨勢，佔率達53%。汽車保險年度保費金額已超過700億；其中包含強制汽機車責任保險之保費金額約160億。

(2) 火災保險，保費佔率近17%，各年度保費金額維持225億上下。

(3) 傷害險與健康險，保費佔率近12%。年度保費金額約155億，近年保費金額穩定成長；相較之下，傷害險之業績較為出色，年度保費金額約140億，健康險則僅有約15億，相形遜色頗多。

(4) 近年海上保險保費佔率約6-7%；年度保費金額約為74億左右。

(5) 最後，工程保險、航空險、責任保險與其他險種之佔率約13%；年度保費金額約為165億左右。

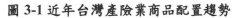

圖 3-1 近年台灣產險業商品配置趨勢

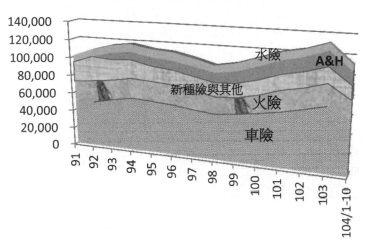

縱座標，單位：百萬元
資料來源：保險事業發展中心，保險市場重要指標

2.主要財產保險商品概況

財產保險廣泛且多元，可摘錄與汽機車保險、火災保險、運輸保險、責任保險、工程保險、傷害保險、健康保險、保證保險等險種，摘要列表如下：

表 3-1 產物保險主要商品分類與商品名稱

險種分類	商品範例
汽車/機車保險	●汽車車體損失保險： ●甲式：全險(概括式承保) ●乙式：承保範圍不包含不明車損與第三者之非善意行為 ●丙式：車對車碰撞損失保險 ●汽機車竊盜損失險 ●強制汽機車第三人責任保險

險種分類	商品範例
	●任意汽機車第三人責任保險 ●附加條款：乘客責任保險、駕駛人傷害保險、醫療保險與其他
火災保險	●住宅火災保險、商業火災保險 ●營業中斷保險、租金損失保險等附加保險 ●住宅地震基本保險、擴大地震保險附加保險 ●第三人責任保險與其他附加條款
運輸保險	●航空保險、船舶保險 ●海上貨物運輸保險、陸上運送保險、運送人責任保險、商業動產保險
責任保險	●公共意外責任保險、電梯責任保險、僱主責任保險、產品責任保險 ●專門職業責任保險、個人責任保險、旅行社綜合責任保險 ●高爾夫球員責任保險與其他責任保險
工程保險	●營造工程保險、營建機具保險、安裝工程保險 ●工程預付款保證保險、工程保固保證保險與工程履約保證保險 ●機械保險、鍋爐保險、電子設備保險等
傷害保險	傷害保險、傷害醫療保險、旅行平安險
健康保險	住院醫療保險、住院日額保險、重大疾病保險等
保證保險、犯罪與其他	●竊盜保險、現金保險、員工誠實保證保險、綁架贖金保險、網購保證保險 ●應收帳款(信用)保險、寵物保險等

四、住宅火災保險

1.住宅火災保險承保範圍

　　火災保險依建築物供作自用或營業用區分，可以劃分為「住宅火災保險」及「商業火災保險」兩種。 105 年適用之住宅火災保險條款重點摘錄如下[28]：

(1)保險期間：一年期。

(2)承保範圍：火災、爆炸、閃電雷擊、航空器及其零配件之墜落、機動車輛碰撞、意外事故所致之煙燻、罷工、暴動、民眾騷擾、惡意破壞行為與竊盜。另外，還包含因突發意外導致住宅玻璃破裂及對於第三人賠償責任、額外費用之補償。其中額外費用包含清除費用、臨時住宿費用等。

(3)抵押權附加條款：就保險契約之保險金在抵押權人與被保險人債權債務範圍內，應優先清償抵押權人之抵押債權，保險公司應直接給付予抵押權人。保險金清償被保險人所欠抵押債務後仍有餘額時，該餘額應給付予被保險人。

(4)營業中斷保險：承保企業因火災或約定事故所造成之財產毀損，所導致營運中斷之實際損失及恢復營業所生之費用。[29]

(5)連帶營業中斷保險：承保上下游企業因火災事故及其他約定事故之營業中斷，連帶導致企業發生營運中斷之相關損失與費用。[30]

2.住宅火災保險費率釐訂的方法

　　火災保險基本危險費率主要考量因素有二項：建築物之使用性質及建築等級。其中使用性質包含住宅、公共宿舍或連幢

---

[28]參住宅火災保險條款、產險公司及產險公會商品條款與簡介；依據主管機關核定之 103 年 10 月版本

[29]參保發中心(2012)，第六章；火災保險條款。

[30]參保發中心(2012)，第六章。營業中斷保險之補償期間可以約定超過一年，而且商品包含自負額等設計。

住宅等。建築等級共分特一等、特二等、頭等、二等與三等。此外，另有高樓加費與消防設備減費。

3.承保建築物保險金額：

以重置成本為計算基礎，得參考下列金額：

(1)產險公會「台灣地區住宅類建築造價參考表」之重置成本金額。

(2)投保時要保人提供之當時當地重建或重置所需之成本金額。

4.建築物理賠要點

(1)住宅火險之承保建築物，依照重置成本為基礎理賠。

(2)建築物之保險金額高於承保之危險事故發生時之重置成本者，最高以重置成本理賠。

(3)理賠：依照60%共保條款賠付

a.建築物之保險金額低於承保之危險事故發生時重置成本之百分之六十時，保險公司僅按保險金額與該重置成本百分之六十之比例負賠償責任。其理賠計算方式如下：

理賠金額＝損失金額×(保險金額/(保險價額×60%))

b.建築物之保險金額高於承保之危險事故發生時之重置成本者，保險金額僅於該重置成本之限度內有效。

範例：

a.損失30萬，保險金額100萬，但保險價額(重置成本)為200萬，此時只賠償損失25萬(30×(100/120)=25)。

b.損失30萬，保險金額為120萬，保險價額(重置成本)為200萬，此時賠償損失30萬。

5.承保建築物內動產之損失與理賠金額

(1)承保建築物內動產之保險金額：以實際(現金)價值為計算基

礎；即依照重置成本扣除實際折舊。

(2)承保建築物內動產之理賠金額計算

a.依照危險事故發生時,動產之實際(現金)價值為基礎賠付。

b.建築物內動產之保險金額高於承保危險事故發生時之實際價值(保險價額),理賠金額以該實際價值為限。

c.建築物內動產之保險金額低於承保危險事故發生時之實際價值(保險價額)者,以保險金額與實際價值之比例賠償。

d.建築物內動產限額內自動納入條款:

投保住宅火險後,建築物內動產自動納入保險契約之承保範圍內,該動產之保險金額為建築物保險金額之 30%,最高以新台幣 60 萬元為限。

6.其他保障項目與理賠限額

(1)竊盜保障:每一事故理賠限 10 萬元,自負額 5,000 元。

(2)住宅玻璃破裂:每一事故理賠限 1 萬元,自負額 1,000 元。

(3)臨時住宿費:每日 5,000 元,理賠總額最高 20 萬元。

(4)第三人責任險:每一人體傷責任之保險金額最高 50 萬;每一人身故責任之保險金額最高 100 萬;每一意外事故體傷死亡責任最高 500 萬;每一意外事故財損責任最高 100 萬。

五、住宅地震基本保險[31]

1.保險標的物:住宅建築物。

2.承保危險事故:

(1)地震震動。

(2)地震引起之火災、爆炸。

(3)地震引起之山崩、地層下陷、滑動、開裂、決口。

(4)地震引起之海嘯、海潮高漲、洪水。

3.保險金額約定基礎:105 年之保險金額統一為 150 萬元。

4.費率:採全台單一費率,105 年保費統一為 1,350 元。

---

[31]參住宅地震基本保險條款與、產險公司及產險公會商品條款與簡介

5.針對保障不足部分,消費者可透過加保「擴大地震保險附加條款」,針對超過基本地震保險承保金額部份之損失,得獲得保險給付保障。

小叮嚀:

1.火災保險屬於不定值保單,其保險價額為標的之重置成本或實際現金價值,應待保險事故發生日時才予認定。
2.住宅火險之防止損失擴大費用、汽車保險的救護費用及海上貨物保險之損害防止費用,若總和超過保險金額,保險人仍須賠償。
3.影響火災保險費率因素或火險核保考慮因素:房屋建築結構、使用性質、建築物位置、樓層、四週環境、消防設施與被保險人等。
4.重置成本:指保險事故發生時,保險標的物以同品質或類似品質之物,依原設計、原規格在當時當地重建或重置所需成本。
5.實際現金價值:即重置成本扣除實際折舊後之餘額。

必考要點:

1.住宅火險承保範圍不含水災、風災、水漬與地層滑動等事故,因此保戶投保火險可特別約定颱風、暴風、水漬、地層滑動等附加保險並約定足額的動產保險,讓保障範圍更周全:特約的相關附加保險或事故列舉如下:
a.颱風、暴風、旋風或龍捲風。
b.洪水、河川、水道、湖泊之高漲氾濫或水庫、水壩、堤岸之崩潰氾濫。
c.水漬、自動灑水器滲漏。
d.財物與動產毀損、民眾騷擾與偷竊。
e.地層滑動或下陷保險。
2.投保汽車車體損失保險可付費附加颱風、地震、海嘯、冰雹、洪水或因雨積水等附加條款,以避免水災或淹水相關的損失。

六、汽機車保險的主要險種概況

　　汽機車保險涵蓋範圍涉及汽車車體損失、竊盜損失、第三人賠償責任、乘客賠償責任、員工賠償責任及相關附加保險等。相形之下，自用汽車保險商品相對單純；自用汽車保險涉及之主要商品包含：汽車車體損失險、竊盜損失險、強制或任意第三人責任保險及其他附加保險等，列舉如下：

1.汽車車體損失險。

2.汽機車竊盜損失險。

3.強制或任意汽機車第三人責任保險。

4.其他各種附加保險：

(1)汽車車體損失保險颱風、地震、海嘯、冰雹、洪水或因雨積水附加條款

(2)汽車車體損失保險罷工、暴動、民眾騷擾附加條款

(3)汽車保險限定駕駛人附加保險條款

(4)汽車竊盜損失保險零件、配件被竊損失附加條款

(5)汽車竊盜損失險附加代車費用保險條款

(6)汽車竊盜損失險附加全損理賠無折舊保險

(7)汽車竊盜損失保險零件、配件被竊損失附加保險

(8)汽車第三人責任保險乘客體傷責任附加條款

(9)汽車第三人責任保險附加駕駛人傷害保險條款

(10)汽車第三人責任保險附加駕駛人傷害醫療給付條款

(11)汽車第三人責任保險受酒類影響車禍受害人補償附加條款

(12)汽車第三人責任保險超額責任附加條款

七、自用汽車車體損失保險

　　汽車保險依使用用途可區分為自用汽車保險或營業用汽車保險。針對自用汽車車體損失保險介紹如後：

1.保險金額：汽車車體損失險之保險金額，應以重置成本扣除折舊方式計算，即以實際價值為基礎計算。

2.費率計算：同時考慮從人因素與從車因素。從車因素包含汽車廠牌車型、使用性質、車輛種類、製造年度(車齡)、自負額等。從人因素包含被保險人年齡、性別、賠款紀錄。[32]

3.車體損失險承保範圍：

(1)甲式：採取概括式承保(全險承保)

  a.碰撞、傾覆

  b.火災

  c.閃電、雷擊

  d.爆炸

  e.拋擲物或墜落物

  f.第三者之非善意行為

  g.其他原因或不明車損(不屬於保險契約特別載明為不保事項之任何其他原因)

(2)乙式：採取列舉式承保

  a.碰撞、傾覆

  b.火災

  c.閃電、雷擊

  d.爆炸

  e.拋擲物或墜落物

(3)丙式：車輛與車輛間碰撞或擦撞所致之毀損滅失。

4.自負額(甲式與乙式)：

(1)自負額隨著理賠次數而遞增，第一次新台幣 3,000 元，第二次新台幣 5,000 元，第三次（含）以後新台幣 7,000 元。

(2)自負額也可採固定金額：例如：每次 10,000 元或 20,000 元。

5.理賠要點

(1)理賠方式：

  a.部分損失：修復費用、救護費用及拖車費用。

  b.全損或推定全損：修復賠償或現金賠償。

---

[32] 保險事業發展中心，汽車保險，第三章

(2)若同時有其他保險時，基於損害補償原則，須依保險金額比例分攤理賠金額。

6.防範損失擴大之必要行為與費用償還

　　被保險汽車發生承保範圍內之賠償責任或毀損滅失時，被保險人應採取必要行為以避免損失擴大或減輕損失，若因被保險人未採取必要行為，而擴大之損失概由被保險人自行負責。要保人或被保險人為防止或減輕損害而採取必要行為所支付之合理費用由保險公司負擔。

八、自用汽車竊盜損失保險

1.汽車竊盜損失保險承保範圍：被保險汽車因遭受竊盜、搶奪、強盜所致之毀損滅失，保險公司對被保險人負賠償之責。

2.理賠要點：

(1)理賠方式：修復費用、救護費用、拖車費用及現金賠償。

(2)全損或推定全損依照保險金額扣除折舊給付，即以實際價值理賠。

(3)尋獲汽車：由保險公司給付救護費用、拖車費用與修復費用。其中修復費用部分可採修復或更換零件，抑或現金賠償模式給付。

3.自負額：針對承保範圍內損失，被保險人應負擔基本自負額10%。保戶可要求提高自負額(自負比例)以降低保費。

4.保戶可付費加保全損免折舊條款，讓保障更周全。

5.影響汽車竊盜損失險之保費的因素：從車因素包含汽車廠牌車型、使用性質、車輛種類、製造年度(車齡)、自負額等。

小叮嚀：

1. 自用汽車車體損失險乙式或丙式之保障範圍採取列舉承保、而非概括承保。乙式車險承保範圍不包含第三者非善意行為及不明車損。

2. 基於預算考量，民眾可以考慮投保乙式車損險、丙式車損險、限額車損險或限定駕駛人車損險。

3. 汽車竊盜損失保險可選擇附加零件、配件被竊損失附加條款，讓保障更加完整。

4. 要保人或被保險人可付費附加竊盜險全損免折舊附加條款，若發生全損時，理賠金額可以不需要扣除折舊。

5. 要保人或被保險人可付費附加代車費用附加條款，以減輕汽車被竊或毀損時之交通費用。

6. 影響汽車保險費率因素：
   a. 從車因素：汽車廠牌車型、使用性質、車輛種類、製造年度(車齡)、自負額等。
   b. 從人因素：被保險人年齡、性別、理賠紀錄、肇事紀錄或酒駕紀錄等。

九、強制汽車責任保險與任意汽車第三人責任保險比較[33]

　　強制汽機車責任保險為強制投保的政策性保險，概念上不論雙方是否有過失，若第三人有傷亡，強制汽機車責任保險都會賠償予第三人。而且強制責任險的承保範圍只承保人身傷亡事故，包含第三人之傷害醫療、殘廢與死亡，但並無財產損害賠償責任。相較之下，任意第三人責任保險則採(推定)過失賠

---

[33] 參廖勇誠(2015)，許文彥(2015)，P.456-460，保發中心(2000)，P.250-302並結合筆者意見修訂或增訂

償責任基礎，而且任意責任保險賠償金額可依保戶需求約定並且同時針對第三人之傷害醫療、殘廢、死亡與財損提供賠償。

　　為使車禍責任保障更加完整，建議車主另外投保包含第三人財產損失與更高的人身傷亡損害賠償金額之任意汽機車第三人責任保險。另外，駕駛人與被保險人的配偶及同居家屬、乘客或執行職務的受僱員工，通常無法擁有任意第三人責任保險的人身或財產的損害賠償。因此建議駕駛人與被保險人、家屬、乘客等人須另外投保意外保險、醫療保險與乘客責任險，才可以保障到自己、家人與乘客。

表 3-2 汽車強制與任意責任保險之比較

構面/險種	強制第三人責任保險	任意第三人責任保險
強制投保與否	是	否
理賠基礎	基本(限額理賠)	超額理賠責任
經營模式	公辦民營	民營
賠償責任	限額無過失責任	(推定)過失責任且受賠償請求
主要理賠給付項目	●死亡給付 ●殘廢給付 ●傷害醫療給付	●死亡給付 ●殘廢給付 ●傷害醫療給付 ●財產損害給付 ●精神補償或慰問金等各項給付 ●其他體傷與財產賠償
承保對象	●車外第三人 ●乘客	●車外第三人
除外對象	●駕駛人 ●故意行為或犯罪行	●被保險人、被保險人配偶及其同居家屬

構面/險種	強制第三人責任保險	任意第三人責任保險
	為	● 被保險人所僱用之駕駛人及所屬之業務使用人 ● 被保險人許可使用或管理被保險汽車之人 ● 乘客或上下被保險汽車之人 ● 駕駛被保險汽車之人、駕駛人之同居家屬 ● 故意行為、犯罪行為或其他除外事項

十、強制汽機車責任保險理賠項目與金額

1.承保範圍：被保險人因所有、使用或管理被保險汽車，發生汽車交通事故，致受害人受有體傷、殘廢或死亡者（不論被保險汽車有無過失）。

2.主要特色：

(1)採限額無過失責任制：不論被保險汽車有無過失，強制汽車第三人責任保險需於限額內賠償。

(2)設置汽車交通事故特別補償基金：針對未投保第三人責任保險或肇事逃逸車輛等情況，透過汽車交通事故特別補償基金賠償。

(3)受害人得直接向產險公司求償。

(4)車主須強制投保

(5)產險公司須強制承保

(6)保障對象涵蓋乘客及第三人

3.105 年給付項目及金額：

(1)傷害醫療給付：限額內可檢據申請，採實報實銷方式理賠，被保險人可採副本申請傷害醫療給付；105 年傷害醫療給付金額最高為 20 萬元，各項目之理賠限額規定如下：

a.急救或護送費用：無限額規定。

b.診療費用

　(a)病房費差額：每日限額 1,500 元。

　(b)膳食費：每日限額 180 元。

　(c)義肢器材或裝置費：每一肢 50,000 元。

　(d)義齒器材及裝置費：每齒 10,000 元，最高 50,000 元。

　(e)義眼器材及裝置費：每顆 10,000 元。

　(f)其他非健保給付之醫療材料及非具積極治療性裝具：最高 20,000 元。

c.交通費：最高 20,000 元。

d.看護費用：每日限額 1,200 元，最高給付 30 日。

(2)殘廢給付：依照殘廢等級理賠，區分 15 等級 205 項。105 年第 1 等級理賠金額為 200 萬；第 15 等級理賠金額為 5 萬。

(3)死亡給付：採定額給付，105 年理賠金額為 200 萬元；並無每一事故最高理賠上限或人數上限。

小叮嚀：

1.針對未投保第三人責任保險肇事或肇事逃逸車輛，受害人可向汽車交通事故特別補償基金請求賠償。

2.請求權人對於保險人之保險給付請求權，自知有損害發生及保險人時起，二年間不行使而消滅。自汽車交通事故發生時起，逾十年者，同樣時效消滅。

3.103 年 3 月 1 日起，被保險人酒後駕車遭警方取締，將列入該被保險人所駕駛車輛車主的記錄，該車主名下的汽車投保強制汽車責任保險，每違規 1 次將加費 2,100 元，且不限車輛數及加費金額上限。

十一、任意第三人責任險理賠項目與金額

1.體傷死亡責任保險：發生意外事故致第三人死亡或受有體傷，依法應負賠償責任而受賠償請求時，於超過汽車強制責任險給付標準以外部份，在保險金額內負賠償之責。

2.財產損失責任險：發生意外事故致第三人財損受有損害，依法應負賠償責任而受賠償請求時，在保險金額內負賠償之責。

3.體傷死亡理賠項目：[34]

(1)**急救或護送費用**：緊急救治或護送傷亡者，所必需之實際費用。

(2)**醫療費用**：須具有執照之醫療院所所開具之醫療費用單據，包括掛號、醫藥、X光檢查等必需費用，如向藥房購買藥品，藥品單據應由主治醫師簽證。關於醫療費用單據，若傷者於私立醫院就醫，應請院方就治療之經過，將手術費、藥品費、住院費、檢查費等分項開列清單;貴重藥品應加註藥品名稱、廠牌及數量、單價，才能核銷。

(3)**交通費用**：受傷者在治療期間來往醫院所必需之實際交通費用為限。

(4)**看護費用**：傷情嚴重確實必要者為限，但僱用特別護士時，須有主治醫師認為必要之書面證明。

(5)**診斷書、證明書費用**：診斷書須由合格醫師所開立，並儘量要求醫師在診斷書上填寫該治療期間需否住院，住院日數以及療養方法與時間並作詳確之估計。

(6)**喪葬費用及精神慰藉金**：參照被害者之工作收入、受扶養之遺屬人數、生活程度及當地習慣等，給付合理的喪葬費用及精神慰藉金。

---

[34]參酌任意汽車第三人責任險條款、陳伯燿等(2012)、廖勇誠(2016)

(7)後續自療費用：得視受傷情形及病癒程度，並參照已支用之醫藥費及醫師診斷書所註明之應繼續治療時間，給予必需之後續治療費用。

(8)其他體傷賠償：以第三人依法可請求賠償者為限。

4.財損理賠範圍或方式：

(1)運費：搬運第三人財物損壞所必需之實際費用。

(2)修復費用：修復第三人財物所需費用。但以該第三人受損財物之實際現金價值(重置成本-實際折舊)為準。

(3)補償費用：第三人之寵物、衣服、家畜、紀念品等因遭受損害，無法修理或恢復原狀得按實際損失協議理賠。

(4)其他財損賠償：以第三人依法可請求賠償者為限。

(5)保險金額依當事人約定，舉例如下：

a.每一個人體傷或死亡保險金額：例如 500 萬。

b.每一意外事故體傷或死亡保險金額：例如 5,000 萬。

c.每一意外事故財物損失保險金額：例如 50 萬。

小叮嚀：

1.任意汽車第三人責任險：承保對於第三人之損害賠償責任，承保對象須排除被保險人及其配偶、家屬與受僱人。

2.強制汽車責任保險之費率結構包含預期損失、業務管理費用、安定基金提存率、特別補償基金提撥率、其他費用(健全本保險之費用)。

3.汽車第三人責任保險(任意或強制)保險費採從車因素與從人因素。從車因素包含汽車車型與種類、使用性質、製造年度(車齡)等。從人因素包含被保險人性別、年齡、肇事紀錄與酒駕紀錄。

4.強制汽車第三人責任保險僅針對受害人因交通事故造成身體傷害或死亡提供基本保障，對於汽車交通事故造成的財物損害不在承保範圍內。

5.強制汽車第三人責任保險 105 年度之最高理賠額度僅 200 萬，實際車禍賠償責任可能高達 500~3,000 萬元，建議需另外投保任意汽車第三人責任保險。

十二、責任保險要點[35]

1.責任保險之賠償範圍：包含直接、間接損失與精神損失；其中間接損失可能包含營業中斷損失、應收帳款損失與租金收入損失等項目。

2.責任保險之理賠要件：依法應負賠償責任、受賠償請求與需為第三人等理賠要件。第三人通常為要保人與被保險人以外之受害人。被保險人包含列名被保險人及附加被保險人，諸如：被保險人及其家屬、配偶與受僱人。

3.責任保險依照安排的層次或額度區分，可分為基層責任保險與超額責任保險。[36]

(1)基層責任保險：最底層且優先理賠的責任保險，諸如強制汽車第三人責任保險。

(2)超額責任保險：就超過基層責任保險賠償限額之損害賠償責任，由超額責任保險理賠。諸如任意汽車第三人責任保險。
超額責任保險可以有以下三種：

a.超額責任保險：承保一定金額以上之賠償責任，諸如任意汽車第三人責任保險。

b.累積超額責任保險：主要針對採取自己保險管理危險之企業所規劃。針對承保期間累積損害賠償金額超過自己保險的部分，透過累積超額責任保險理賠。

c.傘型責任保險或傘覆式責任保險：針對超過數種責任保險之責任限額部份，其賠償責任由傘型責任保險理賠。傘型責任保險通常承保較大危險與賠償責任，而且通常要求需有特定額度的基層責任保險保障。

---

[35] 參保險事業發展中心，風險管理與保險規劃，第四章與第五章；凌氤寶、康裕民、陳森松(2008)，Ch16

[36] 參保險事業發展中心，風險管理與保險規劃，P.120-121；袁宗蔚，保險學，P.570-572

4.依法令規範對於賠償責任種類分類[37]

(1)過失責任：由受害人舉證加害人之過失責任的賠償基礎。例如：對於加害人求償時，受害人通常需負舉證責任。

(2)推定過失責任：由加害人負舉證責任的賠償基礎，若加害人能夠舉證自身無過失者，則加害人不需負賠償責任。當然，如果加害人無法證實自身無過失，則推定加害人存有過失、須負賠償責任。例如：公路法與民法關於汽車駕駛人對於他人之損害賠償責任，採推定過失責任基礎。

(3)無過失責任：不論加害人是否存在過失，受害人均得向加害人請求損害賠償之責任基礎。例如：強制汽車責任保險採取限額無過失賠償責任基礎。

5.第三人責任保險依據賠償期間基礎分類

(1)事故發生基礎：在保險期間內發生保險事故，並在時效內申請理賠，產險公司才需要負擔賠償責任。事故發生基礎雖然責任明確，但是可能產生長尾責任之問題。

(2)索賠基礎：保險人或被保險人在保險期間內或追溯日之後受到第三人請求賠償，產險公司才需要負擔賠償責任。索賠基礎可減輕長尾責任之問題。因此如果第三人在保險期間終止後才提出索賠，產險公司無須負擔賠償責任。通常採取索賠基礎責任險保單會約定追溯期間與延長報案期間。[38]所以第三人第一次向被保險人或保險人索賠之時間，必須在保險期間內、追溯日之後或延長報案期間內，保險公司才會理賠。

(3)產品責任保險與專門職業責任保險常採索賠基礎理賠。汽車第三人責任險、公共意外責任險、電梯意外責任險、僱主意外責任險與污染責任保險則常採事故發生基礎理賠。

---

[37]參凌氤寶、康裕民、陳森松(2008)，Ch16；許文彥(2005)，Ch19

[38]參凌氤寶、康裕民、陳森松(2008)，P.338~339，索賠基礎之追溯日通常為首張保單的生效日；延長報案時間通常僅半年~一年。

十三、其他責任保險

1. *公共意外責任保險*：承保因公共空間意外事故所導致對於第三人之體傷、死亡或財物損害賠償責任。

2. *電梯責任保險*：承保因電梯意外事故所導致乘坐或出入電梯之第三人體傷、死亡或財物損害賠償責任。

3. *僱主補償責任保險或僱主意外責任保險附加職災給付附加條款*：承保企業對於執行職務員工發生職業災害事故所致之體傷或死亡之損害賠償責任。僱主責任保險主要針對超過勞工保險條例職業災害給付金額之部分，由產險公司負擔賠償責任。

4. *產品責任保險*：承保因產品缺陷發生意外事故，導致第三人之體傷、死亡或財物損害賠償責任。被保險產品之缺陷指被保險產品未達合理之安全期待，具有瑕疵、缺點、或具有不可預料之傷害或毒害性質，足以導致第三人身體傷害或財物損失者。[39]

5. *專門職業責任保險*：於執行業務時因業務過失或疏忽遺漏所致第三人損失之法定賠償責任，諸如：醫師、律師、會計師、教師、保險經紀人、護理人員、藥師與藥劑生責任保險。

6. *個人責任保險*：承保個人對於第三人之損害賠償責任。

7. *旅行業責任保險*：承保旅行業因旅遊意外事故導致旅客之體傷、死亡或財物損害賠償責任。

8. *高爾夫球員責任保險*：承保因參與高爾夫球活動所致之第三人意外責任、球具衣李損失、球桿折斷、一桿進洞或球僮特別費用等相關責任。

9. *其他責任保險*：董監事及重要職員責任保險、超額責任保險、民間公證人責任保險、居家托育人員責任保險、公共自行車

---

[39] 摘錄自產險公司產品責任險條款文字。

責任保險、老人及身心障礙福利機構綜合責任保險與錯誤疏漏責任保險等。

十四、其他財產保險[40]

1. *現金保險*：承保範圍包含被保險人所有或管理之現金，因為竊盜、火災、爆炸、強盜、搶奪等意外事故所致之損失。包含運送現金、櫃檯現金、庫存現金等三大類現金範圍。
2. *竊盜保險*：承保建築物內財產因竊盜所致之毀損滅失。
3. *員工誠實保證保險*：承保被保險員工因單獨或共謀之不誠實行為所致保險標的物之直接損失。
4. *應收帳款保險或信用保險*：承保因銷貨或提供服務之信用交易所產生應收帳款之風險，主要為買方的破產及遲繳等事故所導致。
5. *工程保險*：包含營造工程綜合保險、安裝工程綜合保險、營建機具綜合保險、機械保險、鍋爐保險、電子設備保險、工程保證保險、工程履約保證保險、工程預付款保證保險與工程保固保證保險、土木工程保險等保險。
8. *綁架贖金保險*：承保因綁架事故所衍生之綁架贖金、解送贖金過程的損失、人質傷殘醫療費用與額外費用等相關損失。
9. *其他*：航空保險、結婚綜合保險、人事保證保險、履約保證保險、網購保證保險、醫療機構綜合保險、銀行業綜合保險、登山綜合保險、天氣保險、寵物保險、農作物保險、信用卡綜合保險等。

🎈小叮嚀：*就企業來說，現金竊盜風險可投保現金保險、資訊設備竊盜風險則投保竊盜保險或電子設備保險、公司重要商品竊盜風險可投保竊盜保險。*

---

[40]參保險事業發展中心，風險管理與保險規劃，第四章與第五章；產險核保學會，產物保險業核保理賠人員資格考試綱要及參考解題(專業科目)工程險與責任險，袁宗蔚，保險學，第十八章與第二十章

十五、健康保險

依保險法第 125 條，健康保險人於被保險人疾病、分娩及其所致殘廢或死亡時，負給付保險金額之責。可進一步推論健康保險商品針對被保險人因疾病、分娩或意外而就醫治療時，提供醫療費用補償、手術費用補償、住院日額津貼或其他相關津貼。健康保險商品可依保障期間、是否保證續保及保障內容，區分以下商品類型：

1.依保障期間長短：可分為一年期、定期及終身型。

2.依醫療給付方式：實支實付醫療保險或日額型醫療保險。

3.依續保條件：可分為保證續保、非保證續保。

4.依保障內容：可分為重大疾病、特定傷病保險、癌症保險、
　醫療費用、手術、長期照護及失能所得保險。

5.承保範圍

健康保險承保範圍包含疾病與意外所致之醫療保險事故，而且契約通常訂有疾病等待期間，諸如 30 天。主要健康保險商品之承保範圍摘要如下：

(1)實支實付型住院醫療保險：針對自行負擔之醫療費用及全民健康保險不給付之範圍提供醫療補償，給付項目包含每日病房費、手術費用、住院醫療費用等。

(2)日額給付型住院醫療保險：日額型住院醫療保險依住院天數給付各項保險金，可補償民眾病房費差額與住院期間的收入損失。

(3)防癌健康保險：針對癌症治療費用設計的醫療保險商品，給付項目通常包含住院醫療日額、出院療養保險金、癌症身故保險金、初次罹癌、化療、放射線治療或其他癌症給付。

(4)重大疾病保險：當罹患重大疾病時，保險公司可立即給付重大疾病保險金，提供被保險人醫療費用與生活費用之補償。重大疾病項目包含急性心肌梗塞、末期腎病變、腦中風後殘

障、癌症、癱瘓、重大器官移植或造血幹細胞移植與冠狀動脈繞道手術等七項。

(5)短年期傷害醫療保險： 提供意外醫療費用補償，涵蓋意外住院與門診醫療費用補償、意外住院日額或骨折未住院日額等給付。

🔒NEW：

● 金管會於 97 年 4 月訂定發布《財產保險業經營傷害保險及健康保險業務管理辦法》，同意產險業經營一年期非保證續保的健康險與傷害險業務；並於 104 年 12 月放寬產險業者，得經營三年期以下且不保證續保之傷害保險及健康保險。

● 實物給付型保險商品，指保險契約中約定保險事故發生時，保險公司透過提供約定之物品或服務以履行保險給付責任。實物給付型商品得採取實物給付與現金給付混合之方式設計。(金管會 104 年 7 月發布)

● 新商品：董監事及重要職員責任保險、教師責任保險、民間公證人責任保險、居家托育人員責任保險、公共自行車責任保險、老人及身心障礙福利機構綜合責任保險與錯誤疏漏責任保險等。

● 新商品：結婚綜合保險、人事保證保險、履約保證保險、網購保證保險、醫療機構綜合保險、銀行業綜合保險、登山綜合保險、天氣保險、寵物保險、農作物保險、信用卡綜合保險、綁架贖金保險等。

● 其他：火災保險條款修訂、傷害險殘廢等級表修訂、重大疾病定義修訂等。

十六、失能所得保險

當被保險人因為疾病或意外事故而完全失能或部分失能時，依契約提供被保險人或受益人定期失能給付，以彌補被保險人所得收入之損失。[41]通常失能所得保險會約定 3~6 個月的免責期間，在免責期間內壽險公司不給付被保險人或受益人任何失能給付。免責期間實為自負額概念，可以排除一些短期事故或非失能疾病意外事故並減少小額給付之行政成本。

十七、微型保險

微型保險為針對經濟弱勢被保險人所提供之專屬基本保障商品。產險公司可經營的微型保險商品包含一年期傷害險或實支實付傷害醫療險；由於保險金額低，因此保費也相當低廉。經濟弱勢被保險人包含年收入偏低[42]、原住民、漁民、身心障礙者與農民健康保險被保險人等族群。依管理規範，微型保險商品具有以下特質：

1. 商品僅提供經濟弱勢被保險人「基本」的保障，例如：50 萬元身故保障，3 萬元之實支實付傷害醫療保障。
2. 商品以一年期傷害保險或一年期實支實付傷害醫療險為主。
3. 商品設計簡單，僅承保單一保險事故。

---

[41] 讀者可參考失能所得保險之要點如下：

1. 完全失能或推定失能條款(presumptive disability clause)：若被保險人符合契約要求的視力聽力重度障礙或殘廢情況(雙眼失明、雙手殘廢、雙腳殘廢等)，則契約推定被保險人符合完全失能狀態。
2. 部分失能或殘餘失能給付(residual benefit)：被保險人雖然無法勝任原來職務，但仍可從事其他工作，但是薪資較低；其給付公式為：部分失能給付金額=(減少的收入/原來的收入)x 每月全部失能給付金額。參 Kenneth Black, JR., Harold Skipper(1994)；廖勇誠(2016)

[42] 低收入之標準：全年個人所得低於 35 萬或夫妻二人所得低於 70 萬。

十八、傷害保險

1. 意外傷害事故之定義：非由疾病引起之外來突發事故。
2. 傷害保險之保費計算，主要決定於被保險人之職業等級；職業等級區分為六個職業等級。
3. 殘廢保險金理賠：依照殘廢等級表理賠、殘廢程度區分成 11 級 79 項。
4. 傷害保險契約通常無所謂等待期間。
5. 被保險人之職業等級變更為較高等級，屬於危險之增加，依條款規定依照保費比例理賠。
6. 旅行平安保險的保險期間，通常最長以 180 天為限。
7. 旅行平安保險販賣的對象以實際從事旅遊的國內外旅客為限，投保時不須作身體檢查而且可以單獨出單。

十九、團體保險

　　團體保險承保對象為員工數或成員數超過 5 人的公司、組織或機構。團體保險以一張保單，承保一個團體所有成員。團體保險依據整個團體的性別與年齡等因素評估費率，未來並採取經驗費率方式，定期調整保費水準。如果過去年度理賠經驗不佳，將影響未來該團體適用的保險費率；反之，如果過去年度理賠經驗良好，則保險公司可透過經驗退費方式，返還部分保費並調降未來適用的保險費率。另外受限於企業預算與團體需求，台灣的團體保險以一年期保險為主軸。

　　公司付費之團體保險保費由公司負擔、並以員工為被保險人及員工家屬為受益人。公司付費團體保險之給付除可抵充雇主責任外，更可增進員工福利。另外，員工自費投保的團體保險，可由員工依個人或家庭保障需求，自由選擇是否投保以及投保方案別，且多透過每月員工薪資扣繳方式繳納保費。

二十、危險標的、事故與產險

1.個人或家庭之危險標的、事故與產險商品：

個人或家庭之危險標的、保險事故與可投保之產險商品，可摘要列表說明如下：

表 3-3 個人或家庭之危險標的、事故與可投保產險

危險標的或對象	危險事故	可投保之產險
住宅損失風險 建築物、動產	a.火災 b.閃電 c.雷擊 d.地震 e.颱風 f.第三人責任 g.竊盜、玻璃破裂	a.住宅火險 b.地震基本保險 c.擴大地震保險附加條款 d.附加颱風、暴風、水漬險、地層下陷或山崩附加保險
汽車、機車	a.碰撞、傾覆 b.火災 c.閃電、雷擊 d.爆炸 e.拋擲物或墜落物 f.第三者之非善意行為 g.其他原因或不明車損。 h.偷竊、搶奪、強盜 i.賠償責任	a.汽機車損失險、汽機車竊盜險 b.強制與任意汽機車第三人責任險 c.可附加零配件被竊損失險、颱風、地震、海嘯、冰雹、洪水或因雨積水險附加保險
被保險人	a.意外身故、殘廢 b.意外醫療	傷害保險或健康保險

License

危險標的或對象	危險事故	可投保之產險
	c.住院醫療 d.重大疾病	
旅客	a.旅遊意外身故、殘廢 b.醫療 c.旅遊不便	旅行平安險、旅遊不便險
住宅內動產、電腦、藝術品、古董、金飾、信用卡	a.火災 b.爆炸 c.閃電雷擊 d.航空器墜落 e.機動車輛碰撞 f.意外事故所致之煙燻 g.地震 h.竊盜 i.搶奪	a.住宅火險附加動產保險、定值動產保險與足額竊盜險 b.投保竊盜險 c.投保住家綜合保險
第三人	過失導致侵害他人，造成體傷、死亡或財損	a.任意汽機車第三人責任保險 b.強制汽機車第三人責任保險 c.住宅火災第三人責任保險 d.個人責任保險

2.企業之危險標的與產險商品：

企業組織之危險標的、保險事故與可投保之產險商品，可列表如下：

表 3-4 企業之危險標的、事故與可投保產險

危險標的或對象	危險事故	可投保之產險
員工	不誠實行為	員工誠實保證保險
員工	員工職業災害賠償責任	僱主責任保險
應收帳款	破產及遲繳等事故	應收帳款或信用保險
旅客、乘客	旅客或乘客意外賠償責任	旅行業綜合責任保險、強制與任意的三人責任保險、乘客責任保險、乘客意外傷害保險
產品	產品缺陷之賠償責任	產品責任保險
醫師、律師、會計師等	執業之賠償責任	專門職業責任保險
公共空間	意外賠償責任	公共意外責任保險
電梯	電梯意外賠償責任	電梯責任保險
現金	竊盜、搶奪	現金保險
貨物	貨物運輸事故	運輸保險(貨物保險)
船舶、飛機等運輸工具	運輸事故	船舶保險、飛機機體保險
工程、營建機具、責任	工程損失、營建機具損失、賠償責任	工程保險

牛刀小試 1：請說明近年來，財產保險市場在產品開發方面之主要趨勢。

1. **多元化健康險與傷害險商品推出**：諸如：短年期傷害險與醫療險、團體險、重大疾病、特定傷病、手術、失能等各項保單。

2. **綜合保險單不斷推出**：諸如住宅或居家綜合保險、信用卡綜合保險、醫療機構綜合保險與登山綜合保險等。

3. **團體財產保險單已成為主流之一**：因應大量保險標的承保需求，團體財產保險單透過一張保單同時承保廣大且多元的保險標的數量已成為趨勢之一。

4. **網路投保商品持續推出**：汽機車保險、住宅火險、個人責任保險或旅平險等保險商品可透過網路投保。另外，網購保證保險也隨之上市。[43]

5. **銀行保險商品**：銀行保險通路專案商品增多且業績佔率逐漸攀升。

6. **旅遊遊學與信用卡相關商品**：諸如旅平險、旅行業保證保險、旅行業責任保險與信用卡綜合保險等保險商品因應而生。

---

[43] 財產保險業得辦理網路投保之財產保險商品種類如下：

1. 汽車保險、機車保險：汽車保險、機車保險：含強制汽車責任保險、任意汽／機車保險（包括車體損失保險、第三人責任保險及竊盜損失保險）及部分之附加保險或附加條款。
2. 住宅火災及地震基本保險及部分之附加保險或附加條款。
3. 住（居）家綜合保險。
4. 旅遊不便保險。
5. 個人責任保險。
6. 高爾夫球員責任保險。
7. 家電維修保險。
8. 智慧型行動裝置失竊保險。
9. 其他：旅行平安保險與駕駛人傷害險等。

7. **補足政策性保險單已成必備商品**：針對補足強制汽車責任保險或地震責任保險等政策性保險缺口的財產或責任保險，已成為產險業者必備的商品。

8. **新商品不斷創新推出**：因應企業或個人需求，相關財產與責任保險相繼推陳出新；諸如：教師責任保險、結婚綜合保險、人事保證保險、寵物保險、假日汽車損失險、綁架贖金保險等。

9. **附加價值服務愈來愈受到重視**：產險業紛紛提供道路救援服務、旅遊不便險、海外救援等相關服務，讓商品與服務更受重視。

第二節　產險理賠規範與條款摘要

一、汽車保險共同條款之不保事項摘錄

1. 不保事項(絕對不保事項、保戶無法選擇付費加保)

因下列事項所致之賠償責任或被保險汽車毀損滅失，產險公司不負賠償之責：

(1) 因敵人侵略、外敵行為、<u>戰爭</u>或類似戰爭之行為(不論宣戰與否)、叛亂、內戰、軍事演習或政府機關之徵用、充公、沒收、扣押或破壞所致者。

(2) 因<u>核子反應、核子能輻射</u>或放射性污染所致者。

(3) 被保險人或被保險汽車所有人、使用人、管理人或駕駛人之<u>故意或唆使之行為</u>所致者。

(4) 被保險汽車因出租與人或作收受報酬<u>載運乘客或貨物</u>等類似行為之使用所致者。

(5) <u>違反道路交通管理處罰條例第二十一條、二十一之一條規定</u>，駕駛被保險汽車所致者。例如：無照駕駛行為、越級駕駛或吊銷駕照期間駕駛等。

(6)被保險人因<u>吸毒</u>、服用安非他命、大麻、海洛因、鴉片或服用、施打<u>其他違禁藥物</u>，駕駛被保險汽車所致者。
(7)駕駛被保險汽車<u>從事犯罪</u>或逃避合法逮捕之行為所致者。
● **除外不保原因：巨災、道德危險、營業用途(非自用)與違反法規等。**

2.不保事項(保戶可選擇付費加保)

因下列事項所致之賠償責任或被保險汽車之毀損滅失，非經產險公司書面同意加保者，產險公司不負賠償之責：
(1)因罷工、暴動或民眾騷擾所致者。
(2)被保險汽車因供教練開車者或參加競賽或為競賽開道或試驗效能或測驗速度所致者。
(3)被保險人或駕駛人因受酒類影響駕駛被保險汽車所致者。受酒類影響係指飲用酒類或其他類似物後駕駛汽車，其吐氣或血液中所含酒精濃度超過道路交通管理法規規定之標準。
● **除外不保原因：非一般自用用途、酒駕、非一般民眾之共同需求等。**

二、汽車車體損失保險條款不保事項摘錄

1.不保事項(無法付費加保)

(1)被保險人因被保險汽車之毀損滅失所致之附帶損失，包括貶值及不能使用之損失。
(2)被保險汽車因窳舊、腐蝕、銹垢或自然耗損之毀損。
(3)非因外來意外事故直接所致機件損壞或電器及機械之故障。或因底盤碰撞致漏油、漏水所衍生之毀損滅失。
(4)置存於被保險汽車內之衣物、用品、工具、未固定裝置於車上之零件或配件之毀損滅失。
(5)輪胎、備胎 (包括內胎、外胎、鋼圈及輪帽) 單獨毀損或受第三人之惡意破壞所致之毀損滅失。
(6)被保險汽車因遭受竊盜、搶奪、強盜所致之毀損滅失。
(7)被保險汽車於發生肇事後逃逸，其肇事所致之毀損滅失。

2.不保事項(保戶可選擇付費加保)

(1)被保險汽車在租賃、出售、附條件買賣、出質、留置權等債務關係存續期間所發生之毀損滅失。

(2)被保險汽車因颱風、地震、海嘯、冰雹、洪水或因雨積水所致之毀損滅失。

● **除外不保原因：自然耗損、其他保險承保範圍、非一般自用用途、違反法規或非一般民眾之共同需求等。**

三、任意汽車第三人責任險之不保事項摘要

1.因尚未裝載於被保險汽車或已自被保險汽車卸下之貨物所引起之任何賠償責任，但在被保險汽車裝貨卸貨時所發生者，仍須理賠。

2.乘坐或上下被保險汽車之人死亡或受有體傷或其財物受有損失所致之賠償責任。

3.被保險人、使用或管理被保險汽車之人、駕駛被保險汽車之人、被保險人或駕駛人之同居家屬及其執行職務中之受僱人死亡或受有體傷所致之賠償責任。

4.被保險人、使用或管理被保險汽車之人、駕駛被保險汽車之人、被保險人或駕駛人之同居家屬及其執行職務中之受僱人所有、使用、租用、保管或管理之財物受有損害所致之賠償責任。

5.被保險汽車因其本身及其裝載之重量或震動，以致橋樑、道路或計量臺受有損害所致之賠償責任。

6.被保險汽車因汽車修理、停車場（包括代客停車）、加油站、汽車經銷商或汽車運輸等業在其受託業務期間所致之賠償責任。

四、強制汽車責任保險理賠規範與個案摘要[44,45]

1. 汽車交通事故雖僅涉及一輛汽車，但乘客死亡是屬於強制汽車責任保險法規定的理賠或補償範圍，**而汽車的駕駛人則不在強制汽車責任保險法保障範圍之內。**

2. 依強制汽車責任保險法規定，受害人或其他請求權人有下列情事之一，致被保險汽車發生汽車交通事故者，保險公司或特別補償基金**不負保險給付或補償之責：** [46]
   (1) 故意行為所致。
   (2) 從事犯罪行為所致。

3. 加害人右腳為義肢、未參加殘障鑑定而無照駕駛，因自身過失導致他人受傷，強制責任險如何理賠？
   (1) 加害人無照駕駛，駕照應繳回，未繳回者得逕行註銷並追繳。
   (2) 受害車輛之駕駛人及乘客可申請強制責任保險之傷害醫療、殘廢或身故給付，但保險公司於給付保險金額範圍內，可向加害人求償。

---

[44] 依據強制汽車責任保險法第 49 條之規定，投保義務人未依法規定訂立保險契約，或本保險期間屆滿前未再行訂立者，其處罰依下列各款規定：經公路監理機關或警察機關攔檢稽查舉發者，由公路主管機關處以罰鍰。為汽車者，處新臺幣 3,000 元以上 15,000 元以下罰鍰；為機車者，處新臺幣 1,500 元以上 3,000 元以下罰鍰。未投保汽車肇事，由公路監理機關處新臺幣 6,000 元以上 30,000 元以下罰鍰，並扣留車輛牌照至其依規定投保後發還。

[45] 參強制汽車責任保險網站資訊

[46] 若其他請求權人有數人，其中一人或數人有故意或從事犯罪之行為者，保險公司應將扣除該一人或數人應分得部分之餘額，給付於其他請求權人。

4.若駕駛人有酒後駕車情形，強制責任保險如何理賠？

(1)如果駕駛人為受害人，依強制汽車責任保險法保險公司或特別補償基金不需負擔理賠責任。

(2)如果駕駛人為加害人，車禍受害人仍可申請保險給付，但保險公司於給付保險金後，將依強制汽車責任保險法規定，在給付金額範圍內，代位行使請求權人對該酒駕加害人之請求權。

5.雙方車禍且雙方均受傷，經鑑定 A 有過失，B 無過失，如何理賠？

(1)A，B 雙方同時是受害人與加害人。

(2)依強制汽車責任保險法規定，因汽車交通事故致受害人傷害或死亡者，加害人不論有無過失，請求權人得依規定向保險公司請求保險給付或向特別補償基金請求補償。

(3)僅 A 過失，但 A 或 B 皆得請求保險公司給付保險金或向特別補償基金申請補償金。

6.機車騎士自己摔傷，強制責任保險如何理賠？

機車騎士自行摔傷，並非因他人使用或管理汽車所致，故非強制汽車責任保險法之受害人；因此無法獲得理賠。

7.車禍相關證明文件與要點

(1)受害人發生車禍時，應報警處理；隨後，應通知產險公司處理。

(2)當事人取得當事人登記聯單時應留意聯單內容，並保留行車紀錄器影像及拍攝對方違法違規事證照片。

(3)事故發生後約 7 日：可向交通事故處理警局或分局申請提供道路交通事故現場圖與現場照片。

(4)事故發生後約 30 日：可向交通事故處理警局或分局申請提供「道路交通事故初步分析研判表」；另外也可以向各縣市之車輛行車事故鑑定委員會申請車禍鑑定。[47]

(5)若有傷亡，受害人或其遺屬另應檢具身分證明文件、診斷證明書及醫療費用收據或死亡證明書等相關文件，向產險公司或特別補償基金申請理賠；並於半年內向加害人提出刑事告訴或提出刑事附帶民事告訴。

五、責任保險與傷害保險之比較[48]

　　傷害保險對於被保險人因為意外傷害事故所造成的死亡或殘廢，負擔賠償責任。因此傷害保險理賠只需要被保險人確實因為意外事故而造成死亡或殘廢，保險公司就需要負擔理賠責任。相形之下，責任保險理賠，則需符合第三人範圍、依法應負賠償責任且受賠償請求等要件。以乘客責任保險與乘客傷害保險為例，摘要列表比較如下：

表 3-5 乘客責任保險保障內容與乘客傷害保險之比較

項目	乘客責任保險	乘客傷害保險
承保標的	●被保險人對於第三人依法應負賠償責任，而受賠償請求 ●承保標的為損害賠償責任，屬於無形標的	●被保險人因為意外傷害事故所致之人身損害 ●承保標的為被保險人的身體，屬於有形標的
承保事故	●人身損害賠償責任：體傷(可包含醫療)、死亡 ●財產損害賠償責任	●身故與殘廢事故，可再附加傷害醫療保障 ●未包含財產損害補

---

[47]參廖勇誠(2016)，健康保險、勞保與職災
[48]參廖勇誠(2016)，核保學報

項目	乘客責任保險	乘客傷害保險償
賠償對象	● 第三人(乘客)，未包含被保險人或駕駛人	● 被保險人(乘客) ● 可納入駕駛人
賠償責任基礎	● 採取過失責任基礎，並由乘客負舉證責任 ● 駕駛人或客運業者須有過失，乘客才能獲得理賠；若車禍過失為其他加害人，則乘客無法獲得乘客責任險之理賠	● 只需確認被保險人係因意外傷害事故所致之人身損害，即可獲得理賠，與駕駛人或客運業者是否存在過失無關
索賠至獲得理賠所需時間及與強制責任險之關係	● 通常需要確認過失責任或和解、判決確定後，才能支付保險賠款 ● 產險公司就超過強制汽車責任保險給付標準以上之部份，對乘客負賠償之責	● 事故發生時，若乘客身故或傷殘就醫，可以馬上申請並迅速獲得理賠 ● 殘廢保險金部分可以先就殘廢等級認定並未存在疑義之等級先行理賠，差額事後再額外申請與給付。 ● 人身意外傷害賠償金額與強制汽車責任保險之理賠金額獨立無關、並無是否扣除強制險理賠問題。

六、火災保險條款摘要

1.危險變更之通知條款摘錄

保險標的物本身之危險性質、使用性質或建築情形有所變更，而有增加承保之危險事故發生之危險者，如係要保人或被保險人之行為所致，其危險達於應增加保險費或終止契約之程度者，要保人或被保險人應事先通知產險公司。要保人或被保險人怠於通知者，產險公司得終止契約。

2.保險標的物所有權之移轉條款摘錄

保險標的物所有權移轉者，除當事人另有約定外，保險契約效力自保險標的物所有權移轉之次日中午十二時起屆滿三個月時即行終止。

3.建築物之傾倒條款摘錄

保險契約承保之建築物非因承保之危險事故所致全部傾斜、倒塌或變移，致使該建築物全部不能使用時，保險契約效力即行終止。

4.維護與損失防止條款摘錄

被保險人對保險標的物應定期檢查、隨時注意修護、備置基本消防設備，對通道及安全門應保持暢通。產險公司得經被保險人同意派人查勘保險標的物，如發現全部或一部處於不正常狀態，得建議被保險人修復後再行使用。

5.損失擴大之防止

遇有保險契約承保之危險事故發生時，要保人或被保險人應立即採取必要之措施，以避免或減輕保險標的物之損失，並保留其對第三人所得行使之權利。

要保人或被保險人履行前項義務所支出之費用，產險公司於其必要合理範圍內負償還之責。其償還數額與賠償金額，合

計雖超過保險金額，仍應償還。但保險金額低於保險標的物之價值時，產險公司之償還金額，以保險金額對保險標的物價值之比例定之。

七、火災保險之不保危險事故(保戶可選擇付費加保)

1. 地震、海嘯、地層滑動或下陷、山崩、地質鬆動、沙及土壤流失。
2. 颱風、暴風、旋風或龍捲風。
3. 洪水、河川、水道、湖泊之高漲氾濫或水庫、水壩、堤岸之崩潰氾濫。
4. 恐怖主義者之破壞行為。
5. 冰雹。

● **不保原因：非一般民眾之共同需求、可能為巨災**

八、火災保險之不保危險事故(絕對不保、保戶無法付費加保)

1. 要保人或被保險人之故意行為。
2. 各種放射線之輻射及放射能之污染。
3. 不論直接或間接因原子能或核子能引起之任何損失。
4. 戰爭(不論宣戰與否)、類似戰爭行為、叛亂、扣押、征用、沒收等。
5. 火山爆發、地下發火。
6. 由於烹飪或使用火爐、壁爐或香爐正常使用產生之煙燻。
7. 政府命令之焚毀或拆除。

● **不保原因：道德風險、非意外、巨災、政府命令**

九、火災保險之不保建築物

保險契約所承保之建築物須作為住宅使用，凡全部或一部分供辦公、加工、製造或營業用之建築物，不在保險承保範圍以內。產險公司對其發生之損失，不負賠償責任。

● **不保原因：建築物非供住宅使用**

十、火災保險不保之動產

1. 供加工、製造或營業用之機器、生財器具、原料、半製品或成品。
2. 各種動物或植物。
3. 各種爆裂物或非法之違禁品。
4. 供執行業務之器材。
5. 承租人或訪客之動產。
6. 被保險人及其配偶、家屬、受僱人或同居人受第三人寄託之財物。
7. 皮草。
8. 金銀條塊及其製品、珠寶、玉石、首飾、古玩、藝術品。
9. 文稿、圖樣、圖畫、圖案、模型。
10. 貨幣、股票、債券、郵票、票據及其他有價證券。
11. 各種文件、證件、帳簿或其他商業憑證簿冊。
12. 機動車輛及其零配件。

第 4 至第 12 項動產，可以特約後承保。

● **不保原因：價值難以公平衡量、體積小價值高、理賠困難、非一般民眾之共同需求、屬於營業用生財器具或非法物品**

第三節 精選考題與考題解析

壹、風險管理師考題選編、作者自編與參考解答

一、選擇題：

D　1.下列關於個人傷害保險契約之敘述，何者為非？A.醫療保險金受益人為被保險人本人　B.殘廢保險金受益人為被保險人本人　C.契約成立後，要保人不須經保險人同意，即得經通知變更身故受益人　D.契約成立後，要保人須經保險人同意，始得變更身故受益人

● 保險人無權干涉要保人與被保險人之身故受益人指定或約定權利。

D　2.關於傷害保險之敘述，何者為非？A. 又可稱為第三類保險　B.我國財產保險業亦可經營傷害保險　C.被保險人變更職業時須通知保險人，以調整保費　D.被保險人職務變更致增加危險未通知保險人，發生保險事故時，保險人完全不理賠。

● 依據條款，保險人仍需負擔比例賠償責任。

B　3.下列有關產險公司之健康保險敘述，何者為非？A.依我國保險法規定，健康保險仍歸類於人身保險　B.健康保險完全合乎損失補償精神　C.健康保險通常以一年為期　D.健康保險在核保處理時常有等待期間之規定

● 健康保險包含日額型醫療險與實支實付醫療險，日額型醫療險比較屬於定額保險契約。

C　4.下列何者不屬於我國現行汽車車體損失險之附加險　A.颱風險　B.地震險　C.零配件被竊損失險　D.洪水險

● 零配件被竊損失險屬於汽車竊盜損失險之附加險。

A 5.保險契約為定型化契約，為防止定型化所產生的流弊，損及保險契約之公平合理性，故透過法律之規範，以限制保險人濫用制訂契約之權，此為下列何種原則？ A.內容控制原則 B.誠信原則 C.情事變更原則 D.損失補償原則

B 6.下列何者不屬於一般責任保險 A.公共意外責任保險 B.保險經紀人與代理人責任保險 C.產品責任保險 D.僱主責任保險

● 保險經紀人與代理人責任保險屬於專門職業與技術人員責任保險。

C 7.假設：①體傷責任、②財損責任、③屬於超額補償保險(Excess Insurance)性質、④屬於基層保險性質，則就我國現行任意汽車責任保險之承保範圍而論，下列選項何者正確 A.①,③ B.②,③ C.①,②,③ D.①,②,④

● 任意汽車責任保險屬於超額保險，而非基層保險，強制汽車責任保險才屬於基層保險性質。

B 8.我國目前汽車保險車體損失保險有所謂的甲式條款與乙式條款，就二者比較，下列選項何者為真？A.甲式採列舉式承保，乙式採全險概念承保 B.甲式將第三人非善意行為承保在內 C.乙式將其他不明原因所致之損失承保在內 D.以上皆是

● 甲式為全險概念承保、承保範圍包含不明車損與第三人非善意行為。

B 9.不足額保險之被保險人需按比例分擔損失是因為 A.保險金額低於市價 B.被保險人繳交保費不足 C.懲罰違反誠信 D.以上皆非

● 不足額保險指保險金額低於保險價額，因此保費不足。

D 10.假設：①損失發生時的實際現金價值、②協議價額、③保險金額、④實際損失，如投保時採用不定值保險單，要保人不小心超額保險，在發生全損之情況下，保險人理賠的額度為 A. ①, ③　B. ②, ③　C. ③,④　D. ①, ④

● 超額保險指保險金額高於保險價額，理賠仍以保險價額與損失金額為限。

C 11.就財產保險而言，損失發生後認定實際現金價值有困難之保險標的物，在投保時通常採用 A.定額保險 B.不定值保險 C.定值保險 D.重置成本保險

● 產險稱呼為定值保險，壽險則稱為定額保險。

D 12.我國住宅火災及地震基本保險對動產部分之保險價值採何種基礎估算？ A.重置成本　B.帳面價值　C.市場價值　D.實際現金價值

D 13.下列那一個原則為大數法則在法律上之具體表現？
A.誠信原則　B.保險利益原則　C.不當得利禁止原則
D.對價衡平原則

● 透過大數法則之運用，並基於收支均等原則或對價衡平原則，精算保費現值。

A 14.關於健康保險契約之續約規定，後列敘述，何者為是？
①如屬於不得撤銷，由保險人續約之保單，續約之費率仍由保險人決定、②如屬於限制保險人拒絕續約權保單，通常不允許保險人以被保險人身體情況發生變化為由拒絕續約、 ③如為保證續約保單，保險人無保費調整之權
A. ①, ②　B. ①,③　C. ②, ③　D. ①,②, ③

- 保證續約保單(Guaranteed Renewable Contract)，保險人不可拒保，但可以針對同一年齡性別類別調整保費。
- 不可撤銷的健康保險，指保險人不可拒絕戶口的續保，但保險人仍得調整續保費率。

D 15.下列選項中何者為我國高爾夫球員責任保險所承保者？A.第三人責任 B.被保險人之衣李球具損失 C.被保險人之球桿破裂折斷 D.以上皆是

B 16.假設①強制汽車責任保險、②任意汽車責任保險、③(推定)過失責任、④無過失責任，則就我國目前之汽車責任保險體系之險種採用之承保責任基礎組合而論，下列選項何者正確？ A.①,③ B.②,③ C.①,③,④ D. ②,③,④
- 強制汽車責任保險採限額無過失責任賠償基礎，任意汽車責任保險採(推定)過失責任賠償基礎。

C 17.下列哪些火災保險除外事故不得加費承保？ A. 地震 B.爆炸 C.戰爭兵險 D.以上皆是

A 18.針對數種責任保險責任限額以上之責任部份所安排之責任保險稱為 A.傘覆式責任保險 B.超額責任保險 C.累積超額責任保險 D.以上皆非

D 19.假設①保險金額、②銷售金額、③薪資、④專業收入。可為責任保險費率計算基礎者為 A. ① B. ①,② C. ①,②,③ D. ②,③,④
- 產險之保險金額為理賠金額概念，並非費率計算基礎。

B 20.下列對索賠基礎責任保險之敘述，何者為正確？①保險期間內由第三人索賠之案件，若損害事故係發生在追溯日之前，則保險人不負賠償責任、②第三人第一次向被保險人或保險人索賠之時間，必須在保險期間內或延長

報案期間內、③在延長報案期間內所發生之損失事故，保險人仍須負賠償之責、④若有長尾責任危險之責任保險，一般多採索賠基礎

A.①,②,③　B.①,②,③,④　C.①,③,④　D.②,③,④

● 索賠基礎責任保險：第三人第一次向被保險人或保險人索賠之時間，必須在保險期間內、追溯日之後或延長報案期間內，保險公司才會理賠。

D　21.不定值保險之功用較符合何種原則？A.最大誠信　B.損失分攤　C.保險代位　D.損害填補

C　22.保險契約法中有所謂「內容控制原則」，主要是在因應保險契約所具有之何種特有性質？A.射倖性契約特性　B.繼續性契約特性　C.定型化契約特性　D.不要式契約

C　23.我國保險法第13條規定之財產保險不包括下列何者？A.責任保險　B.海上保險　C.汽車保險　D.保證保險

C　24.依我國保險法規定，下列何者為法定之保險費交付義務人？A.保險經紀人　B.被保險人　C.要保人　D.受益人

C　25.健康保險自保險契約生效日起一段期間內發生之事故，保險人不負給付保險金之責任，此稱之為：A.免責期間　B.自負額　C.等待期間　D.觀察期間

B　26.以保險費之交付為保險契約生效之契約稱為 A.要式契約　B.要物契約　C.有償契約　D.以上皆非

C　27.保險標的物發生部份損失而實際保險金額未達保險標的物價值的某一定比例時，保險人依實際保險金額與最低應

保金額之比例負賠償責任，上開文字是在陳述 A.共同保險 B.我國保險法 48 條規定之「約定共同保險」 C.共同保險條款 D.以上皆是

B 28.假設①商業火災保險、②營業中斷保險、③連帶營業中斷保險、④商業火災保險附加地震保險。已知甲企業是電力公司，乙企業是一家食品廠商有三條生產線，因地震致其中一條生產線毀損，另二條生產線無損害，但電力公司之高壓輸送系統毀損無法供電生產。可用於保障乙企業上述風險之保險包括：A.①,② B.②,③ C.①,②,③ D.①,②,③,④

● 無法供電生產屬於營業中斷損失。地震保險僅針對建築物毀損滅失提供保險給付。

C 29.老劉貸款購買汽車，並投保強制汽車第三人責任保險，亦購買任意汽車第三人責任保險，但選擇設定有自負額。上述情況，由風險管理之方法觀察是屬於：A.保險與損失控制之結合 B.保險與損失預防之結合 C.保險與主動自留之結合 D.保險與被動自留之結合

● 自負額屬於自留之行為之一。

C 30.下列何者為保險契約之當事人？ A.被保險人 B.業務員 C.要保人 D.受益人

A 31.要保人對於那些情形之危險增加免負通知義務？ ①為防護被保險人之利益者 ②為他方所知者 ③為履行道德上之義務者 ④損害之發生不影響保險人之負擔者 A.①,②,③ B.②,③,④ C.①,②,④ D.①,②,③,④

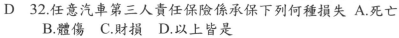

D 32.任意汽車第三人責任保險係承保下列何種損失 A.死亡 B.體傷 C.財損 D.以上皆是

● 任意第三人責任保險承保對於第三人之體傷、死亡與財產損失等賠償責任。

C 33.下列哪些係屬火災保險除外事故且不得加費承保？ A.地震 B.爆炸 C.戰爭兵險 D.以上皆是

B 34.醫師業務責任保險係採下列何種基礎理賠 A.事故發生基礎 B. 索賠基礎 C. 長期基礎 D.以上皆是

● 賠償責任基礎：產品責任保險與專門職業責任保險採索賠基礎理賠；公共意外責任險、汽車責任險與僱主意外責任險則採取事故發生基礎理賠。

D 35.下列何者非屬專業責任保險 A.律師責任保險 B.會計師責任保險 C.醫師責任保險 D.僱主責任保險

A 36.強制汽車責任保險制度中，下列敘述何者為非？ A.保險公司不須強制投保 B.保障對象含括乘客及第三人 C.每一車主須強制投保 D.設置特別補償基金

D 37.下列項目何者為一般住宅保險所承保之標的？ A.古玩 B.珠寶 C.文件、有價證券 D.家具衣李

C 38.傷害保險業務，可由下列何者經營 A.僅人身保險業者 B.僅財產保險業者 C.人身及財產保險業者 D.僅本國保險業者

A 39.下列何者非意外傷害事故之定義 A.他人所致之事故 B.非由疾病引起之事故 C.外來事故 D.突發事故

License

C 40.目前傷害保險示範條款規定之殘廢等級，共有 A.4 級
　　B.6 級　C.11 級　D.15 級
● 　殘廢等級：11 級 79 項。

D 41.常見之健康保險核保之保單承保的方式為 A.標準體承保
　　B.加費法　C.除外法　D.以上皆是

A 42.台北 101 大樓由 5 家保險公司承保，此保險安排方式稱
　　為 A.共同保險 B.共同保險條款 C.超額保險 D.再保
　　險。
● 　共同保險條款：在健康保險上為自付比例概念，例如被保
　　險人自行負擔 20%醫療費用。

B 43.A 君汽車價值新台幣 1 百萬元，向 B 保險公司投保車體
　　損失險甲式，投保金額為新台幣 80 萬，某日汽車遭第三
　　人撞毀且全損，A 君依法可向第三人請求賠償，請問其保
　　險公司於理賠後可向第三人代位求償之金額範圍為何？
　　A.100 萬　B.80 萬　C.64 萬　D.以上皆非。

B 44.下列那一種保險契約法之基本原則，同時具有複保險、
　　不足額保險、超額保險等法律上之具體表現？ A.保險利
　　益原則　B.不當得利禁止原則　C.誠信原則　D.對價衡
　　平原則。

B 45.保險契約法之內容控制原則係為導正保險契約為定型化
　　契約之弊病，由於保險契約為保險人事先精心設計，若文
　　義上模糊或有疑義時，應如何處理？ A.作有利於保險公
　　司之解釋　B.作有利於被保險人之解釋　C.直接提起訴
　　訟　D.直接送交仲裁。

D 46.下列何者敘述有誤？ A.可保價值亦稱保險價額，保險價
　　額只適用於有形標的之財產保險 B.一般以財產為標的之

保險契約屬於不定值保險單 C.補償是指恢復被保險人在損失發生前一刻之財務狀況 D.額外運輸費用屬於有形標的。

B 47.下列何者敘述為真？ A.爆炸為商業火災保險單得特約加保之除外事故，因此商業火災保險單對於爆炸而導致之火災損失，須加保爆炸險後才可賠償 B.重置成本之保險計價方式不符合損失補償原則之精神 C.火險附加險不可單獨投保，輻射與原子能所致之損失可以附加於火險保單加保 D.全險保單屬於一種列舉式保單，因承保範圍完整，保險費也較火災保險與附加險昂貴。

A 48.下列何種責任保險單較適合採用「意外事故基礎」？ A.意外污染保險 B.產品責任保險 C.董事及重要職員專業責任保險 D.醫師業務責任保險。

C 49.下列何者非為犯罪保險？ A.現金保險 B.員工誠實保證保險 C.董監事責任保險 D.竊盜保險。

D 50.下列何者敘述有誤？ A.健康保險契約生效後，保險人的責任未必開始，因其保單條款多訂有等待期間 B.健康保險契約之等待期間條款僅適用第一年保單年度 C.我國主管機關規定，除防癌保險及重大疾病保險商品之等待期間最多可訂為 90 天外，其餘健康保險的等待期間最多只能訂為 30 天 D.契約生效日起一段期間內發生之事故，保險人不負給付保險金之責任稱為免責期間。

● 契約生效日起一段期間內發生之事故，保險人不負給付保險金之責任稱為等待期間而非免責期間。

C 51.小李任職於生技公司之業務銷售部門，須不定期至各營業據點拜訪進行產品促銷，今年年中轉任研發部門，進行

公司之產品研究與創新。小李承保下列何種保險商品,因其職務變動而應以書面通知保險人? A.人壽保險 B.健康保險 C.傷害保險 D.年金保險。

B 52.團體傷害險保單通常須有多少位以上的被保險人?
A.3 位 B.5 位 C.7 位 D.10 位

C 53.團體傷害保險之保險費採用何種方式計收? A.分類費率 B.差別費率 C.平均費率 D.追溯費率
● 團體傷害保險依據團體平均職業等級計算平均保費。

D 54.下列何者為傷害保險之除外責任/不保事項? A.長期身處污濁之空氣而致中毒 B.心臟病突發而溺水 C.賽馬 D.以上皆是。

B 55.下列何者非為住宅火災及地震基本保險的基本承保範圍?
A.閃電雷擊 B.淹水 C.爆炸 D.航空器墜落
● 淹水造成的房屋受損與動產損失需要另行付費加保。

C 56.小蔡於 101 年 3 月 4 日發生車禍,其意外險保險金請求權之消滅時效於何日完成? A.102 年 3 月 4 日 B.103 年 3 月 3 日 C.103 年 3 月 4 日 D.103 年 3 月 5 日。

A 57.何謂「不足額保險」? A.保險價額 > 保險金額 B.保險價額 < 保險金額 C.保險費 > 保險金 D.保險費 < 保險金。

D 58.下列何者保單,其風險非以列舉式承保 A.住宅火險保單 B.住宅火險附加地震險保單 C.住宅地震保險保單 D.商業綜合性保單。

C 59.住宅保險之保險起迄時間為 A.起保日凌晨零時開始至到期日凌晨零時為止 B.起保日上午 6 時開始至到期日上

午 6 時為止 C.起保日中午 12 時開始至到期日中午 12 時為止 D.起保日晚上 6 時時開始至到期日晚上 6 時為止。

D　60.下列何者非汽車保險的主險？　A.汽車車體損失險　B.汽車竊盜損失險　C.任意第三人責任險　D.汽車乘客責任保險

A　61.下列何者敘述有誤　A.健康保險契約生效後，保險人的責任立即開始　B.健康保險之保單條款中多訂有等待期間的規定　C.等待期間越長，保險費就越便宜　D.「事故發生後須持續符合狀態期間」稱為"免責期間"。

D　62.下列何者敘述有誤？　A.失能保險保單之所謂「剩餘收入」，其意義類似「部分失能」　B.免責期間類似等待期間　C.癌症之發生非人為所能控制，所以較無道德危險之考量　C.長期照護保險或附約一般多會搭配「豁免保費」　D.依主管機關之解釋，疾病之定義得增列等待期間，但最高以 60 日為限。

● 一般醫療險之等待期間最長為 30 天；癌症與重大疾病之等待期間最長為 90 天。

B　63.某甲除了投保強制汽車責任保險外，尚投保了（任意）汽車第三人責任保險，約定保險金額為：每一個人傷害責任 400 萬元；每一事故傷害責任 800 萬元；每一事故財損責任 200 萬元。若某甲在保險期間內因疏忽發生車禍造成車外第三人死亡，經雙方和解應賠償受害者家屬 500 萬元，則任意汽車第三責任保險應賠付多少元？　A.200 萬元　B.300 萬元　C.400 萬元　D.500 萬元

● 須扣除強制責任險的 200 萬身故保額。

C 64.下列何者非為損害填補原則的保單 A.產險保單 B.責任
　　險保單 C.壽險保單 D.健康險保單。

B 65.何謂"超額保險" A.保險價額＞保險金額　B.保險價額＜
　　保險金額　C.保險費＞保險金　D.保險費＜保險金

C 66.下列何者對保險人負有交付保險費之義務? A.受益人
　　B.利害關係人　C.要保人　D.信託人

A 67.不足額保險之被保險人需按比例分攤損失是因為? A.保
　　險金額低於市價　B.懲罰違反誠信　C.被保險人繳交保
　　費不足　D.以上皆非

二、簡答題

1.請簡述財產保險的保險利益原則？

參考解答：

(1)財產保險的保險利益指保險契約之被保險人與被保險標的
　(物)間之經濟上利害關係。

(2)保險事故發生時，要保人與被保險人對於保險標的物需具有
　保險利益。

2.住宅為每個人生涯中重要的資產之一種，而投保住宅保險通常是管理住宅風險很好的方法，試詳細說明投保住宅保險應注意的事項。[49]

參考解答：

投保住宅保險應注意的事項如下：

(1)住宅火險僅限房屋供住宅用，而非營業用。

---

[49] 參保險事業發展中心，風險管理與保險規劃，P.141-142

(2)填寫要保文件時建議被保險人應為房屋所有權人,而且應詳填建築物的屋齡、面積、建築結構與樓層數。

(3)除了投保住宅火險與地震基本保險以外,並建議特別約定颱風、暴風或水漬、地層滑動或下陷與足額之動產保險。

3.請簡述責任保險人的二種賠償責任基礎?

參考解答:

第三人責任保險的賠償責任基礎有以下二種:

(1)事故發生基礎:在保險期間內發生保險事故,並在時效內申請理賠,產險公司才需要負擔賠償責任。事故發生基礎雖然責任明確,但是可能產生長尾責任之問題。

(2)索賠基礎:保險人或被保險人在保險期間內或追溯日之後受到第三人請求賠償,產險公司才需要負擔賠償責任。索賠基礎可以減輕長尾責任之問題。

4.生活中常見的個人責任風險有那些?試舉二例說明之。

參考解答:[50]

(1) 住宅第三人責任保險:對於保險期間內建築物因屋主的過失行為導致火災延燒或煙燻,導致鄰居及其他第三人遭受體傷、死亡或財物損害,被保險人依法應負賠償責任而受賠償請求時,依保險契約之約定,由產險公司負賠償責任。例如:火災延燒或煙燻責任。

(2)汽機車第三人責任保險與乘客責任保險:被保險人因使用或管理被保險汽車發生汽車交通事故,導致乘客或車外第三人傷害、死亡或財損,由產險公司負賠償責任。諸如:因車禍而導致路人或乘客傷亡等事故。

5.財產保險原則上為不定值保險,其理由何在?

參考解答:

---

[50] 摘錄自住宅火險與汽車責任險條款文字

基於損害填補原則，財產保險理賠以保險事故發生時之重置成本或實際現金價值為理賠金額上限，因此契約投保時，被保險標的之價值無法確定，必須等到保險事故發生時，才能依當時當地之重置成本或實際現金價值評估與理賠，因此財產保險應為不定值保險契約，而非定額保險或定值保險契約。

6.保險為最重要的風險管理方法，保險的基本原理除了結合原理與意外性外，尚有那些基本原理？請簡述之。

參考解答：

(1)大數法則：危險標的的數量夠多。

(2)危險標的同質性：需有大量且同質的危險單位，大數法則才能有效運用。

(3)損失分散性：危險標的分散且損失發生分散。

(4)損害補償原則：透過保險獲得損害補償。

7.實務中之保險費依其結構可分為純保險與附加費用二個部分，純保險費之用途為何？而附加保費為提供保險人當期營業費用之需要，其構成要素主要包含有那些？

參考解答：

(1)純保險費之用途：應付賠款之用。

(2)附加保費構成要素：包含佣金獎金費用、營業費用與預期利潤等。

8.保險契約之性質，除要物契約與要式契約尚有爭論外，請簡述其他五項契約特性。

參考解答：

保險契約屬於雙務契約、有償契約、射倖契約、誠信契約、與定型化契約。簡要說明如下：

(1)雙務契約：要保人繳納保費；保險事故發生時由保險人提供保險理賠。

(2)有償契約：要保人交付保費與保險人於事故發生給付保險金之間，具有對價關係。

(3)射倖契約：保險事故之發生或保險理賠給付，涉及不可預料之變數。

(4)誠信契約：雙方須遵照誠實信用原則。

(5)定型化契約：契約內容由保險人單方擬定並印製。

9.何謂「不足額保險」？ 當保險金額(1)大於、(2)等於、(3)小於該標的之可保價值時,保險理賠該如何進行？ 若被保險人故意將投保金額超過該標的之可保價值,損失發生時,保險公司如何進行理賠？

參考解答：

(1)保險金額超過可保價值部分無效，保險公司依照可保價值理賠。

(2)保險金額等於可保價值時，保險公司依照可保價值理賠。

(3)不足額保險指保險金額低於該標的之可保價值(保險價額)。被保險人投保不足額保險時，必須比例分攤損失金額理賠。
理賠金額=損失金額 x(保險金額/可保價值)

10.簡述失能保險之免責期間內容以及訂定之目的？

參考解答：

(1)免責期間：係指失能事故發生後之一段期間內，保險人免負給付責任；免責期間之後，保險人對於保險事故才負理賠責任。

(2)免責期間訂定之目的：
　　a.可以排除一些短期事故或非失能疾病意外事故。
　　b.減少小額給付之行政成本

11.責任風險種類甚多，可略分為企業責任、職業責任與個人責任三種型態。其中個人責任風險則為家庭或個人因財產之取得、維護或使用之行為所致對他人之損害賠償責任。試請詳細說明與家庭或個人責任有關之風險種類及現行保險業計對上述家庭或個人責任風險所提供之責任保險單？

參考解答：

危險標的或對象	危險事故	可投保之責任保險
建築物	因火災或約定事故導致第三人體傷、死亡或財損	a.住宅火險附加第三人責任保險 b.居家綜合保險
汽車、機車	因交通事故導致第三人體傷、死亡或財損	a.汽機車強制第三人責任險 b.汽機車任意第三人責任險 c.乘客責任險 d.酗酒駕車責任保險

12.何謂個人性汽車保險？請簡述其五種主要險種名稱？

參考解答：

(1)個人性汽車保險：指以自然人為被保險對象之車險。

(2)主要險種名稱：

　　a.汽車車體損失險

　　b.汽車竊盜損失險

　　c.強制汽車第三人責任保險。

　　d.任意汽車第三人責任保險。

　　e.其他各種附加保險：乘客責任險、駕駛人傷害險等。

13.強制汽車責任保險在經營主體上為公辦民營，在經營原則方面採無盈無虧，在立法基礎上則為限額無過失責任之精神。請說明強制汽車責任保險之特色。

參考解答：

強制汽車責任保險之特色如下：

(1)採限額無過失責任制：不論被保險汽車有無過失，強制汽車第三人責任保險需於限額內賠償。

(2)設置汽車交通事故特別補償基金：針對未投保第三人責任保
　　險或肇事逃逸車輛等情況，透過汽車交通事故特別補償基金
　　賠償。
(3)受害人得直接向產險公司求償。
(4)車主須強制投保
(5)產險公司須強制承保
(6)保障對象涵蓋乘客及第三人

14.我國目前住宅火災及地震基本保險之基本保險之承保範圍包括那幾類？

參考解答：
(1)住宅火險之承保範圍：
　　火災、爆炸、閃電雷擊、航空器及其零配件之墜落、機動車
　　輛碰撞、意外事故所致之煙燻、罷工、暴動、民眾騷擾、惡
　　意破壞行為與竊盜。另外，還包含因突發意外導致住宅玻璃
　　破裂及對於第三人賠償責任、額外費用之補償。額外費用包
　　含清除費用、臨時住宿費用等。

(2)住宅地震基本保險承保範圍：
　　a.地震震動。
　　b.地震引起之火災、爆炸。
　　c.地震引起之山崩、地層下陷、滑動、開裂、決口。
　　d.地震引起之海嘯、海潮高漲、洪水。

15.企業可以投保那些犯罪保險？

參考解答：
(1)竊盜保險：承保建築物內財產因竊盜所致之毀損滅失。
(2)員工誠實保證保險：承保被保險員工因單獨或共謀之不誠實
　　行為所致保險標的物之直接損失。
(3)綁架贖金保險：承保因綁架事故所衍生之綁架贖金、解送贖
　　金過程的損失、人質傷殘醫療費用與額外費用等相關損失。

(4)現金保險：承保範圍包含被保險人所有或管理之現金，因為竊盜、火災、爆炸、強盜、搶奪等意外事故所致之損失。包含運送現金、櫃檯現金、庫存現金等三大類現金範圍。

16.重大疾病保險承保那些重大疾病？

參考解答：

當罹患重大疾病時，保險公司可立即給付重大疾病保險金，提供被保險人醫療費用與生活費用之補償。重大疾病項目包含急性心肌梗塞、末期腎病變、腦中風後殘障、癌症、癱瘓、重大器官移植或造血幹細胞移植與冠狀動脈繞道手術等七項。

貳、財產保險經紀人：財產風險管理考題與參考解答

一、財產保險保單中，常列有若干除外責任，請以火災保險為例，說明除外危險事故與除外財物之主要項目及其不保原因。

參考解答：[51]

(一)火災保險之不保危險事故(保戶可選擇付費加保)

1.地震、海嘯、地層滑動或下陷、山崩、地質鬆動、沙及土壤流失。

2.颱風、暴風、旋風或龍捲風。

3.洪水、河川、水道、湖泊之高漲氾濫或水庫、水壩、堤岸之崩潰氾濫。

4.恐怖主義者之破壞行為。

5.冰雹。

● **不保原因：巨災、非一般民眾之共同需求**

(二)火災保險之不保危險事故(絕對不保、保戶無法付費加保)

1.要保人或被保險人之故意行為。

2.各種放射線之輻射及放射能之污染。

3.不論直接或間接因原子能或核子能引起之任何損失。

4.戰爭(不論宣戰與否)、類似戰爭行為、叛亂、扣押、征用、沒收等。

5.火山爆發、地下發火。

6.由於烹飪或使用火爐、壁爐或香爐正常使用產生之煙燻。

7.政府命令之焚毀或拆除。

● **不保原因：道德風險、非意外、巨災、政府命令**

(三)火災保險之不保建築物

---

[51] 摘錄自契約條款

保險契約所承保之建築物須作為住宅使用，凡全部或一部分供辦公、加工、製造或營業用之建築物，不在保險承保範圍以內。

● **不保原因：建築物非供住宅使用**

(四)火災保險不保之動產
1.供加工、製造或營業用之機器、生財器具、原料、半製品或成品。
2.各種動物或植物。
3.各種爆裂物或非法之違禁品。
4.供執行業務之器材。
5.承租人或訪客之動產。
6.被保險人及其配偶、家屬、受僱人或同居人受第三人寄託之財物。
7.皮草。
8.金銀條塊及其製品、珠寶、玉石、首飾、古玩、藝術品。
9.文稿、圖樣、圖畫、圖案、模型。
10.貨幣、股票、債券、郵票、票據及其他有價證券。
11.各種文件、證件、帳簿或其他商業憑證簿冊。
12.機動車輛及其零配件。
<u>第 4 至第 12 項動產，可以特約後承保。</u>

● **不保原因：價值難以公平衡量、體積小價值高、理賠困難、非一般民眾之共同需求、屬於營業用生財器具、非法物品**

(考試時只需要各列舉出3~4項即可)

二、財產保險保單為防止保險人之道德危險，經常對於保險理賠採行若干限制，例如(1)共保條款與(2)重複保險條款，請說明這二項條款之主要意義。

參考解答：

1.共同保險條款：保險標的發生部份損失而保險金額低於保險標的價值的一定比例時，保險人依保險金額與最低應保金額之比例負賠償責任。

2.重複保險條款：指要保人對於同一保險利益、同一保險標的，同時向數個保險人洽定保險契約；此時基於損害補償原則，各保險人依比例負擔損害賠償責任。

三、企業組織之所以採用自負額（Deductible），大多基於那些理由？又保險業之採用自負額，其主要目的何在？試分項說明之。

參考解答：

1.企業採取自負額之理由：

為了節省保險費並有效規劃風險管理策略，企業通常於投保時搭配自負額。

2.保險業採用自負額之目的：

a.降低小額理賠之行政成本浪費並降低損失頻率。

b.透過自負額的設計，企業將會加強風險管理並控管損失風險的頻率或幅度，有利於損失率的表現。

四、財產保險市場之發展，必須隨環境之變化而革新與調整，請說明近年來，財產保險市場在產品開發方面之主要趨勢。

參考解答：

1.<u>多元化健康險與傷害險商品推出</u>：諸如：短年期傷害險與醫療險、團體險、重大疾病、特定傷病、手術、失能等各項保單。

2.<u>綜合保險單不斷推出</u>：諸如住宅或居家綜合保險、信用卡綜合保險、醫療機構綜合保險與登山綜合保險等。

3.<u>團體財產保險單已成為主流之一</u>：因應大量保險標的承保需求，團體財產保險單透過一張保單同時承保廣大且多元的保險標的的數量已成為趨勢之一。

4.網路投保商品持續推出：汽機車保險、住宅火險或旅平險等保險商品可透過網路投保。另外，網購保證保險也隨之上市。

5.銀行保險商品：銀行保險通路專案商品增多且業績佔率逐漸攀升。

6.旅遊遊學與信用卡相關商品：諸如旅平險、旅行業保證保險、旅行業責任保險與信用卡綜合保險等保險商品因應而生。

7.補足政策性保險單已成必備商品：針對補足強制汽車責任保險或地震責任保險等政策性保險缺口的財產或責任保險，已成為產險業者必備的商品。

8.新商品不斷創新推出：因應企業或個人需求，相關財產與責任保險相繼推陳出新；諸如：教師責任保險、結婚綜合保險、人事保證保險、寵物保險、假日汽車損失險、綁架贖金保險等。

9.附加價值服務愈來愈受到重視：產險業紛紛提供道路救援服務、旅遊不便險、海外救援等相關服務，讓商品與服務更受重視。

五、個人及家庭所擁有之汽車或機車可能面臨那些損失風險？這些損失風險目前有那些保險可以承保？為何這些損失風險保險公司願意承保？試從風險的可保性說明之。

參考解答：

1.個人及家庭所擁有之汽車或機車可能面臨之風險與可投保之產險如下表：

危險標的	危險事故	可投保之產險
汽車、機車	a.碰撞、傾覆 b.火災 c.閃電、雷擊 d.爆炸 e.拋擲物或墜落物 f.第三者之非善意行為 g.其他原因或不明車損 h.偷竊、搶奪、強盜	a.汽機車損失險、汽機車竊盜險 b.強制與任意汽機車第三人責任險 c.可附加零配件被竊損失險、颱風、地震、海嘯、冰雹、洪水或因雨積水險

危險標的	危險事故	可投保之產險
	i.賠償責任	

2.保險公司願意承保之理由：

因為符合可保危險之要件，列舉如下；

(1)擁有大量同質的危險單位

(2)保費合理

(3)損失發生機率低且損失發生幅度較大

(4)損失容易衡量

(5)意外所致

六、金融機構可能面臨哪些犯罪危險?而這些犯罪危險目前國內有哪些相關保險可以提供保障? 試分析說明之。

參考解答：

金融機構可能面臨搶劫、竊盜與員工不誠實行為風險，可分別透過下列保險提供保障。

1.竊盜保險：承保建築物內財產因竊盜所致之毀損滅失。

2.員工誠實保證保險：承保被保險員工因單獨或共謀之不誠實行為所致保險標的物之直接損失。

3.綁架贖金保險：承保因綁架事故所衍生之綁架贖金、解送贖金過程的損失、人質傷殘醫療費用與額外費用等相關損失。

4.現金保險：承保範圍包含被保險人所有或管理之現金，因為竊盜、火災、爆炸、強盜、搶奪等意外事故所致之損失。包含運送現金、櫃檯現金、庫存現金等三大類現金範圍。

七、企業財產的損失型態包括財產的直接損失及因而造成的各種間接損失，試問此種間接損失大致上有那些類型？針對百貨公司而言，我國目前有何種間接損失保險可以提供給客戶投保？並扼要說明其內容。此種間接損失保險如何承保？

參考解答：

間接損失指因為直接損失所衍生的損失，間接損失可區分為以下幾種類型：

1. 營業中斷損失：因為營業中斷所導致之實際損失及恢復營業所生之費用。
2. 固定費用損失：因為直接損失所衍生的固定費用，諸如租金損失、員工薪資損失。
3. 額外費用損失：因為直接損失所衍生的相關費用，諸如臨時住宿費用、清理費用、替代交通費用。

　　就百貨公司而言，可投保以下間接損失保險，以減輕事故發生所致之損害：

1. 火災事故所導致的間接損失：商業火災保險附加營業中斷保險，以承保因火災等保險事故所導致營業停頓期間之實際損失及恢復營業所生之費用損失。
2. 上下游廠商發生火災事故及其他約定事故所造成之連帶營業中斷：可投保連帶營業中斷保險，該險承保上下游廠商發生保險事故因而造成企業營業中斷之相關損失與費用。
3. 對於第三人責任衍生的間接損失：可附加相關額外費用給付的附加保險或附加條款，以減低間接損失金額，例如附加租金損失保險附加條款。

八、面臨颱風豪大雨，房子及車子易受淹水的民眾，在成本效益的考量下，應如何安排保險以減少其水災的損失？

參考解答：

1. 房屋：住宅火險承保範圍不含水災、風災、水漬與地層滑動等事故，因此保戶投保住宅火險可特別約定颱風、暴風、水漬、地層滑動等附加保險並約定足額的動產保險，讓保障範圍更周全：特約的附加保險或事故列舉如下：

a. 颱風、暴風、旋風或龍捲風。

b. 洪水、河川、水道、湖泊之高漲氾濫或水庫、水壩、堤岸之崩潰氾濫。

c. 水漬、自動灑水器滲漏。

d.地層滑動或下陷保險。

2.汽車車體損失保險承保範圍不包含淹水事故所致之損失，建
　議民眾投保汽車車體損失保險可付費附加颱風、地震、海嘯、
　冰雹、洪水或因雨積水等附加條款，以避免水災或淹水相關
　的損失。

**九、我國現行商業火災保險的承保危險事故為何？若您為客戶
安排的火災保險為「商業火災保險」，則目前尚有那些其他危
險事故可以加保附加險？請列舉之。**

參考解答：

1.商業火災保險主要承保之危險事故：

(1)火災

(2)爆炸引起之火災

(3)閃電雷擊

2.商業火災保險可以加保的附加險：

(1)爆炸保險附加條款

(2)地震保險附加條款

(3)颱風及洪水保險附加條款

(4)航空器墜落、機動車輛碰撞保險附加條款

(5)罷工、暴動、民眾騷擾、惡意破壞行為保險附加條款

(6)恐怖主義保險附加條款、自動消防裝置滲漏保險附加條款

(7)煙燻保險附加條款、水漬保險附加條款

(8)竊盜保險附加條款

(9)地層下陷、滑動或山崩保險附加條款

(10)第三人意外責任保險附加條款

(11)租金損失保險附加條款

(12)營業中斷保險附加條款

十、家庭或個人所擁有的財產可能因不幸的意外事故而毀於一旦,身為一個財產保險經紀人,您應該如何幫助客戶規劃保險,才能使客戶的財產得到充分的保障?

參考解答:

1.協助客戶規劃財產保險,並留意與確認以下重點:

投保的金額足夠與否、承保範圍是否適當與足夠、保險期間是否中斷、承保地點是否完整、承保項目是否週全、投保保費是否經濟實惠、是否搭配自負額與風險控制等風險管理策略。

2.個人或家庭之保險規劃內容,列表如下:

危險標的或對象	危險事故	可投保之產險
住宅損失風險 建築物、動產	a.火災 b.閃電 c.雷擊 d.地震 e.颱風 f.第三人責任 g.竊盜、玻璃破裂	a.住宅火險 b.地震基本保險 c.擴大地震保險附加條款 d.附加颱風、暴風、水漬險、地層下陷或山崩
汽車、機車	a.碰撞、傾覆 b.火災 c.閃電、雷擊 d.爆炸 e.拋擲物或墜落物 f.第三者之非善意行為 g.其他原因或不明車損。 h.偷竊、搶奪、強盜 i.賠償責任	a.汽機車損失險、汽機車竊盜險 b.強制與任意汽機車第三人責任險 c.可附加零配件被竊損失險、颱風、地震、海嘯、冰雹、洪水或因雨積水險
被保險人	a.意外身故、殘廢 b.意外醫療	傷害保險或健康保險

危險標的或對象	危險事故	可投保之產險
	c.住院醫療 d.重大疾病	
旅客	a.旅遊意外身故、殘廢 b.醫療 c.旅遊不便	旅行平安險、旅遊不便險
住宅內動產、電腦、藝術品、古董、金飾、信用卡	a.火災 b.爆炸 c.閃電雷擊 d.航空器墜落 e.機動車輛碰撞 f.意外事故所致之煙燻 g.地震、竊盜、搶奪	a.住宅火險附加動產保險、定值動產保險與足額竊盜險 b.投保竊盜險 c.投保住家綜合保險
第三人	過失導致侵害他人，造成體傷、死亡或財損	a.任意汽機車第三人責任保險 b.強制汽機車第三人責任保險 c.住宅火災第三人責任保險 d.個人責任保險

十一、家庭亦如企業，其財產風險管理之步驟不外乎認識及分析風險、衡量風險、選擇風險管理之技術及執行與評估。家庭財產風險管理規劃最主要乃投保火災保險及汽車保險，但這些財產保險保單中，常列有若干除外責任，身為一個稱職的保險經紀人員，試以汽車保險為例，你如何說明這些除外事故與除外財物的不保原因？而針對這些保險公司的除外不保項目，你如何提供客戶更為完整的風險管理規劃？

參考解答：

1.針對與客戶權益切身相關的除外事項，必須詳細解說。就車體損失險而言，列為除外事故或除外財物之原因如下：

(1)巨災：戰爭、核子輻射或汙染。

(2)道德危險/非意外：故意或唆使之行為。

(3)營業用途(非自用)：因出租與人或作收受報酬載運乘客或貨物等類似行為之使用所致。

(4)違反法規：無照駕駛行為、越級駕駛或吊銷駕照期間駕駛或其他犯罪行為等。

(5)非所有保戶共同必要之承保範圍：

　a.置存於被保險汽車內衣物、用品、零件或配件之毀損滅失。

　b.因颱風、地震、海嘯、冰雹、洪水或因雨積水所致之毀損滅失。

(6)自然耗損：被保險汽車因窳舊、腐蝕、銹垢或自然耗損之毀損。

(7)屬於其他保險承保範圍：被保險汽車因遭受竊盜、搶奪、強盜所致之毀損滅失。

2.針對除外不保項目，你如何提供客戶更為完整的風險管理規劃：

(1)針對可加費承保項目，可配合被保險人之需求，酌情付費加保，例如：付費加保被保險汽車因颱風、地震、海嘯、冰雹、洪水或因雨積水所致之毀損滅失。

(2)透過儲備維修保養基金、損失預防與抑制、避免等其他風險管理方法管理除外不保項目。

十二、何謂「保單對照法（Insurance Policy Checklist Approach）」？保險經紀人採用保單對照法為客戶分析危險之優缺點各為何？請說明之。保險經紀人除須為客戶提供保險規劃之服務外，尚須提供那些必要之服務？請申論之。

參考解答：

1.保單對照法：根據保險業界所販售之保單險種、承保範圍及不保事項，並與客戶現行投保保單作比較分析後，進一步列舉出可以投保的保險商品。

2.優點：

(1)協助客戶了解投保的險種內容

(2)能迅速完成風險確認

(3)可提出具體之投保建議

3.缺點：

(1)常會忽略不可保風險或除外不保事項。

(2)可能忽略避免、損失預防、抑制與其他風險管理方式

4.保險經紀人除須為客戶提供保險商品規劃與投保之服務外，尚須提供那些必要之服務

(1)理賠服務：車禍和解與申請理賠協助、車禍訴訟協助、住宅火險理賠服務。

(2)風險管理服務：提供客戶關於風險的確認、風險評估以及避免、損失預防、損失抑制與其他風險管理方式之建議。

十三、近年來國內高科技產業持續發展，此種行業在日常營運中，其廠房及設備如因火災發生遭遇損失，頗易連帶造成營運中斷，是故除了需要安排適當之火災保險外，亦需要考量營業中斷保險之必要性，做為一位稱職之財產保險經紀人員，你(妳)認為在規劃其營業中斷保險時應考慮之因素為何？試申述之。

參考解答：

1.營業中斷保險：承保企業因為火災或約定事故所造成之財產毀損，所導致營運中斷之實際損失及恢復營業所生之費用。[52]

2 連帶營業中斷保險：上下游企業因火災事故及其他約定事故之營業中斷，連帶導致企業發生營運中斷之相關損失與費用。

3.規劃其營業中斷保險時應考慮之因素如下；

---

[52]參保發中心(2012)，第六章；火災保險條款。

(1)營業中斷保險之投保額度是否足夠合理？

(2)是否投保連帶營業中斷保險？

(3)發生營業中斷或連帶營業中斷時，營業中斷保險之補償期間多久？是否足夠？

(4)發生營業中斷或連帶營業中斷時，企業需要自行負擔多少自負額？

(5)請領理賠時，需要檢附那些文件？

(6)保費金額是否經濟合理？

(7)承保範圍是否足夠？

十四、民眾在購置住宅時常向金融機構請求貸款，一般金融機構皆會要求其以該住宅作為擔保品並投保火災保險，而目前市場上又有住宅（居家）綜合保險等類似商品，此兩種商品之主要差異為何？試從家庭風險管理之立場比較說明之。

參考解答：

1.居家綜合險商品之主要特質：

居家綜合險除了承保住宅建築物之外，保障範圍也涵蓋動產、第三人責任保險、傷害保險、颱風洪水淹水事故等，保障相對周全。例如：居家綜合保險將颱風、地震、洪水、水漬、竊盜、延燒鄰屋或對房東的賠償責任等皆列入承保範圍。歸納來說，居家綜合保險具有以下特色：

(1)一張保單承保範圍涵蓋財產保險、責任保險與傷害保險；因此投保手續便利。

(2)理賠基礎：部分採重置成本、部分採實際價值賠償、部分則以定值賠償。

(3)保險期間：一年期。

2.住宅火災保險之主要特質：

(1)保險期間：一年期。

(2)承保範圍：火災、爆炸、閃電雷擊、航空器墜落、機動車輛碰撞與意外事故所致之煙燻、罷工、暴動、民眾騷擾、惡意破壞行為、竊盜、因突發意外導致住宅玻璃破裂與第三人責

任險保障。此外另有額外費用之補償，包含清除費用、臨時住宿費用。

(3)保險金額約定基礎：建築物以重置成本為計算基礎、動產以實際價值為計算基礎。

(4)需自行決定是否加費投保附約。

3.主要差異：

項目	居家綜合險	住宅火災保險
承保範圍	保障內容完整：涵蓋建築物、動產、第三人責任保險、家人傷害保險與颱風洪水險等承保範圍。	保障內容相較下較不完整：保障內容以建築物為主，另涵蓋部分動產與責任險，不包含意外險與颱風洪水險。
投保手續便利	單純、簡便	相對複雜，需要自行考量是否付費加保其他動產或附約
保障範圍重疊	保障範圍不會重疊	不同險種之保障範圍可能重疊

心靈分享：

退休金領不到？

有老朋友問我，人口老化退休怎麼辦，領得到嗎？我告訴他，別擔心，只要您健康平安，活得夠久，就能夠領的更多；他笑了笑說，沒錯，健康才能領錢，不健康就領不到了！

老朋友聚會前，大家算算，啊！二十五年不見了！真是時光飛逝！過去的，追不回來了，只能坦然讓它過去吧！未來的，充滿變數，實在難以掌握，只能把握現在，一步一腳印地向前跨出下一步！

與其懷憂喪志、緬懷過去，不如把握當下，發揮行動力地面對問題、處理與解決問題。

無論佛教、道教、天主教與基督教等宗教，都認為人有來生、也有過去生。但是，過去生的您，所遭遇的人事物、與這一生是否相同，肯定不同；來生的您，所遭遇的人事物、與這一生是否相同，肯定不同！既然如此，還是好好珍惜這一生的時光、好好地學會與周遭的人事物，一起和樂共生吧！

第四章 市場趨勢、風險管理制度與考題解析

- ◇　什麼是保險密度？保險滲透度？
- ◇　如何申訴？如何申請評議？
- ◇　什麼是RBC？
- ◇　產險市場趨勢？
- ◇　風險管理制度？

第四章 市場趨勢、風險管理制度與考題解析

第一節 市場趨勢指標與保險經營概要

一、跨業經營與銀行保險趨勢

　　金融控股公司成立,金融機構跨業經營已成為一個趨勢,尤其金控公司均採取保險與金融雙引擎營運策略,以提升長期穩定獲利與業績。大部分產險公司皆透過銀行通路販售產險商品,也為產險公司增加了一個主要通路。尤其銀行擁有龐大的客戶資料、財務、信用卡或貸款等交易資料且專業形象佳,對於推動住宅火災保險、地震保險、汽車保險、責任保險、傷害險、健康保險、商業財產與責任保險,皆擁有相當的優勢。

二、近年併購活動增加

　　台灣產險公司近年陸續呈現併購風潮,許多公司透過併購擴展業務或獲得綜效。諸如:友聯產物併購中國航聯產物保險、新安東京海上產險的合併案、三井住友保險集團收購明台產物保險、美國國際集團(AIG)併購中央產物保險,並更名為美亞產物保險台灣分公司。

三、重要市場指標[53]

1.保險密度

(1)公式 = 期間內保費收入 / 人口數;代表平均每人的保費支出金額。

(2)意義:財產保險保險密度金額愈高,代表著當年度平均每人繳納保費愈高。

(3)103 年度台灣財產保險之保險密度約為 5,642 元。

---

[53]參保險事業發展中心網站資訊(2015/12)

2.保險滲透度

(1)公式 = 期間內保費收入／GDP；相當於全國或該地區之當年度平均保費收入之所得佔率。

(2)財產保險保險滲透度愈高，代表當年度民眾花費在財產保險的支出佔率高。

(3)103年度台灣財產保險之保險滲透度約為 0.82%。

四、金融消保法與金融消費評議中心要點

1.金融消保法於101年度開始實施，制定目的為保護金融消費者權益，公平、合理、有效處理金融消費爭議事件，以增進金融消費者對市場之信心，並促進金融市場之健全發展。金融消保法實施後，成立金融消費評議中心以公平、合理且有效地處理金融保險相關的爭議案件。

2.適用的金融產業：銀行業、證券業、期貨業、保險業、電子票證業及其他經主管機關公告之金融服務業，皆需要納入規範。

3.金融消保法要求保險業者應遵循以下事項：

(1)金融服務業與金融消費者訂立提供金融商品或服務之契約，應本公平合理、平等互惠及誠信原則。

(2)金融服務業刊登、播放廣告及進行業務招攬或營業促銷活動時，不得有虛偽、詐欺、隱匿或其他足致他人誤信之情事，並應確保其廣告內容之真實。

(3)金融服務業與金融消費者訂立提供金融商品或服務之契約前，應充分瞭解金融消費者之相關資料，以確保該商品或服務對金融消費者之適合度。

(4)金融服務業與金融消費者訂立提供金融商品或服務之契約前，應向金融消費者充分說明該金融商品、服務及契約之重要內容，並充分揭露其風險。

(5)依金融消費者保護法規定,金融保險消費者須先向金融保險業者提出申訴,如不接受金融保險業者的申訴處理結果,或金融保險業者超過 30 天不為處理者,可向評議中心申請評議。

第二節 財產保險需求與評估概要

一、財產保險的商品需求程度通常有三個層次[54]

1.一定要投保的保險:依據相關法令規範或作業規範,強制投保的保險商品。諸如:強制汽車第三人責任保險、住宅火災保險附加地震保險、公共意外責任保險、電梯責任保險等。

2.必須投保的保險:提供基本且必備保障的商品,諸如:任意汽車第三人責任保險、雇主責任保險、營業火災保險等。

3.*建議投保的保險*:個人或企業可依據自身需求,評估是否需要投保之保險商品,諸如:汽車損失保險、汽車竊盜損失險、零配件被竊損失險。

二、財產保險規劃應注意之要點:[55]

1.投保的金額足夠與否
2.承保範圍是否足夠
3.保險期間是否中斷
4.承保地點是否完整
5.承保項目是否週全
6.投保保費是否經濟實惠
7.適當搭配自負額、自己保險、預防與抑制等風險管理方法

---

[54]參保險事業發展中心,風險管理與保險規劃,P.131-132
[55]參保險事業發展中心,風險管理與保險規劃,P.161-163

三、投保財產保險的步驟

1.評估損失風險
(1)損失發生頻率
(2)可能損失幅度
(3)可能的損失變異程度
2.評估風險對於企業財務業務的影響
3.擬訂保險計畫：進一步著手規劃保險投保計畫，考量因素如下：
(1)保險種類與承保範圍
(2)保險金額
(3)保險費
(4)決定自負額額度或比例
4.挑選與投保保險商品
(1)慎選保險公司
(2)慎選業務員或經紀人
(3)審核保險契約內容
(4)確認保險項目與保險標的
(5)議價

四、企業依照法規必須投保之保險商品

企業	法規	投保險種
一般公司之貨車或汽機車	強制汽車責任保險法	強制汽車責任保險
台鐵局、高鐵公司	鐵路法	乘客責任保險
大眾捷運公司	大眾捷運法	乘客責任保險
航空公司	航空法規	乘客責任保險
客運業者	公路法	乘客責任保險

企業	法規	投保險種
旅行業	旅行業管理規則	旅行業責任保險
消費場所或公共場所	各縣市政府頒布的管理規範	公共意外責保險、電梯責任保險
保險經紀人或代理人公司	保險經紀人或代理人管理規則	責任保險

參考資料：廖勇誠(2016)；許文彥(2015)，P.336

五、個人或家庭之財產保險需求與生涯階段

隨著年齡的增長，家庭成員、事業發展、擁有財產與經濟負擔也隨之變化，此時保戶的財產與責任險需求自然也必須隨著變化。

期間	擁有財產	保險需求
23歲以下	機車	強制機車責任保險、基本健康險、傷害險
24~45歲	汽車、機車、購屋	任意與強制汽機車責任保險、車體損失險、汽車竊盜險、住宅火險與地震險、更完整之醫療與傷害險保障
46~60歲	汽車、購屋換屋、創業	1.個人或家庭：任意與強制汽機車責任保險、車體損失險、汽車竊盜險、住宅火險與地震險、醫療保險 2.企業經營：營業火災保險、營業汽車保險、公共意外責任保險、其他責任或保證保險

六、意外保險需求額度評估

人身損失風險對於個人及家庭之衝擊或影響程度，可以從被保險人身故後之未來收入損失角度評估，稱為生命價值法；

另外也可以從被保險人身故後，遺族或家庭所需要的資金需求角度評估，稱為遺族需要法。此外，還有其他的保險需求額度評估方法。分項列舉如後：

1.生命價值法(淨收入彌補法)(Human Life Value Approach)

(1)以工作生涯的淨收入現值衡量生命價值。概念上生命價值法以被保險人未來收入扣除未來支出之現值，估算其應有保險金額。

(2)生命價值法或淨收入彌補法之計算概念，與淨現值法 NPV(Net Present Value)概念相近。

(3)公式：

淨收入(生命價值)=未來收入的現值-未來支出的現值。

(4)收入或收入成長率愈高，淨收入愈高。支出金額或支出成長率愈高，淨收入相對降低。另外，個人支出占所得比重越大，淨收入金額越低，因為個人支出需要自淨收入扣除。

(5)保障缺口=應有的投保保額-已擁有保額。

2.遺族需要法或家庭需求法(Family Need Approach)[56]

(1)總需求：依照被保險人身故後，其遺屬或家庭所需要的支出需求，計算應有的意外保險保額。其中，支出需求包含配偶未來的生活費用、子女的未來生活費或教育費、房屋貸款或其他負債或費用、被保險人之喪葬費用等費用。

(2)淨需求：依照被保險人身故後，其遺屬或家庭所需要的支出需求扣除被保險人身故時已儲蓄或投資金額，計算應有的意外險保額。其中，支出需求包含配偶未來的生活費用、子女的未來生活費或教育費、房屋貸款或其他負債或費用、被保險人之喪葬費用等費用。已儲蓄或投資金額包含社會保險給付、員工福利給付與個人儲蓄投資等項目。

---

[56]參酌鄭燦堂(2008)，P.280~286；廖勇誠(2013)

(3)公式：

> 應有的投保保額(淨需求) ＝ 未來遺族所需的支出現值
> 　　　＋ 身故後立即必要支出-身故時已儲蓄或投資金額

3.所得替代法(替代所得法)或本金總額法：

　　概念上假設被保險人身故或全部失能後，生活費用必須仰賴理賠金之利息收入支應，而理賠金本金留作遺產或可因應通貨膨脹之用。

> 應有意外險保額 ＝ 遺族所需生活費用 ／ 市場利率。

4.其他保險需求評估方法：

(1)資產負債表分析法：就家庭資產負債表角度，若考慮未來收支，資產負債表可列示如下：

a.總資產：包含生息(金融)資產、自用資產加上未來收入現值。

b.總負債：包含消費性負債、投資性負債與未來支出現值。

c.淨值=總資產-總負債。淨值為正代表被保險人身故後，留有遺產給遺族；淨值為負則表示被保險人身故後，遺留負債給遺族。

d.若淨值為負，建議被保險人須投保相當於淨值接近於零的保險金額，以避免債留遺族之困境。

f.另外，單純考量個人或家庭的房屋貸款及相關債務金額後，就負債金額投保意外險保額，即是簡單的應有保額計算方式。此外，建議加上喪葬費用與緊急醫療費用等最後費用，可讓保障金額更符合家庭需求。

(2)理財問卷法、保單健檢法與固定倍數法等方法：理財問卷法主要透過客戶填寫理財問卷方式，依據問卷內容評估保險需求。保單健檢法則透過對於客戶之保單健診服務，提供保障缺口建議。固定倍數法則透過年收入的固定倍數方式，求算

合理保額需求，銷售實務上常以年收入的 10 倍，計算合理之保額需求。

小叮嚀：

人身價值評定的意義：

(1)預防保險詐欺：降低保險詐欺或道德風險之發生。

(2)確保保險利益之存在：避免濫用保險情形。

(3)確保保戶之繳費能力：保戶之年收入與年繳保費間應具合理關係，否則保費佔年收入過高，反而導致未來停效或終止。

(4)客觀合理計算客戶的保險需求：透過數量化的收入與支出計算，可以客觀合理評定客戶的意外險投保額度，並提升客戶信賴感。 (參風險管理學會,2001)

第三節 風險管理制度概要

一、產險業風險管理政策的訂定[57]

1.訂定風險管理政策時，應考量企業文化、經營環境、風險管理能力及相關法規，並應經董事會核定後實施。

2.風險管理政策內容應涵蓋以下項目：

(1)風險管理策略及風險管理目標

(2)風險管理組織與職責

(3)主要風險種類

(4)風險胃納

(5)風險評估、回應與監控

(6)文件化之規範

---

[57]摘錄自風險管理實務守則。

二、產險公司經營風險與風險管理方法

產險公司經營面臨的風險與可採行之風險管理方法如下：[58,59]

1.市場風險：

(1)指資產價值在某段期間因市場價格變動，導致資產可能發生損失之風險。

(2)風險管理機制：保險業應針對涉及市場風險之資產部位，訂定適當之市場風險管理機制，並落實執行，諸如敏感性分析與壓力測試。

---

[58]摘錄自保險業風險管理實務作業準則內容

[59]常見之風險管理評估方法或機制，摘錄如下：1.存續期間(Duration)或凸性分析(Convexity)：存續期間是現金流量現值的加權平均，可用來衡量商品價格對利率變動的反應；凸性分析則是進一步衡量商品價格對利率的敏感程度。投資組合可以透過資產與負債的現值及存續期間的一致，以及較大凸性的資產以達到風險免疫。2.風險值(Value at Risk)或條件尾端期望值(CTE)；透過風險值可以在一定期間內及信心水準下計算市場正常情況之最大可能損失，亦可進一步透過條件尾端期望值衡量在此信心水準以上所有可能損失的平均值。3.資金流動比率(Liquidity Ratio)：資金流動比率即流動資產與流動負債之比值，用以衡量對即將到期債務的償債能力。4.現金流量管理(Cash Flow Management)：透過現金流量相關分析工具建立資產與負債之現金流量的管理制度，以確保企業生存與正常營運的能力。5.確定情境分析(Deterministic Scenario Testing)：為了衡量未來現金流的不確定性，資產負債管理可以透過某些特定情境來評估影響程度。這些特定情境通常可分為歷史情境和假設情境，其中歷史情境為過去所發生之事件；假設情境則是指未來可能發生但尚未發生之事件。6.隨機情境分析(Stochastic Scenario Testing)：為了衡量未來現金流的不確定性，資產負債管理亦可以透過設定許多不同的假設，依據各種參數設定以模型來模擬許多情境的隨機情境分析方式來評估影響程度，模擬次數通常在 1,000 次以上。7.壓力測試(Stress Testing)：壓力測試是金融機構用以衡量可能發生事件所導致潛在損失的重要方法，其主要目的為彙整公司整體部位在極端事件發生時可能的損失，也可以作為測試資本適足程度的一種方法。

2.信用風險：

(1)指債務人信用遭降級或無法清償、交易對手無法或拒絕履行義務之風險。

(2)風險管理機制：保險業應針對涉及信用風險之資產部位，訂定適當之信用風險管理機制，並落實執行，諸如交易前後之信用風險管理與信用分級限額管理。

3.流動性風險

(1)包含資金流動性風險及市場流動性風險。資金流動性風險指無法將資產變現或取得足夠資金，以致不能履行到期責任之風險。市場流動性風險指由於市場深度不足或失序，處理或抵銷所持部位時面臨市價顯著變動之風險。

(2)資金流動性風險管理機制：保險業應依業務特性評估與監控短期現金流量需求，並訂定資金流動性風險管理機制，以因應未來之資金調度，諸如現金流量模型管理。

(3)市場流動性風險管理機制：保險業應考量市場交易量與其所持部位之相稱性。對於巨額交易部位對市場價格造成重大影響，應謹慎管理。

4.作業風險

(1)指因內部作業流程、人員及系統之不當或失誤，或因外部事件造成之直接或間接損失之風險。

(2)風險管理機制：適當之權責劃分、保留交易軌跡、強化法令遵循與危機處理等。

5.保險風險

(1)指經營保險本業於收取保險費後，承擔被保險人移轉之風險，依約給付理賠款及相關費用時，因非預期之變化造成損失之風險。

(2)風險管理機制：保險業對於商品設計及定價、核保、再保險、巨災、理賠及準備金相關風險等，應訂定適當之管理機制，

並落實執行；諸如產險業執行損失分配模型等定價管理模式。

6.資產負債配合風險

(1)指資產和負債價值變動不一致所致之風險，保險業應根據所銷售之保險負債風險屬性及複雜程度，訂定適當之資產負債管理機制，使保險業在可承受之範圍內，形成、執行、監控和修正資產和負債相關策略，以達成公司預定之財務目標。

(2)風險管理機制：存續期間分析、風險值、現金流量管理、隨機情境分析與壓力測試。

7.其他風險

三、金融保險業風險管理的趨勢

市場競爭激烈、風險層出不窮；為因應風險，金融保險業者、主管機關與相關企業無不落實風險管理制度。此外，監理機關也將風險管理納入金融保險相關法規內，要求金融保險業建立完整的風險管理制度並定期實施金融保險業務檢查。

此外金融保險業風險管理已轉為整合性風險管理並成立專責風險管理主管與風險管理部門之制度，走向專業專職化、全面化、多元化與系統化的風險管理制度。摘列說明如下：

1.主管機關將風險管理納入監理相關法規內，並定期實施業務查核。

2.企業風險管理已走向整合性風險管理趨勢：風險管理走向全面化、多元化與系統化的風險管理制度，並結合公司策略與營運、資訊與行銷等各項業務。金融保險業風險管理制度涵

蓋公司治理、內部控制、稽核、自行查核、法令遵循、會計師查核、風險控管與分層負責等制度[60]。

3. 風險管理走向專職化：金融保險業普遍設有風控長與風險管理部門。

4. 金融保險業風險管理已成關鍵因素：金融海嘯後，突顯金融保險風險管理的重要性與衝擊性，金融保險業經營風險管理、財務風險管理與資產負債管理更形重要。

5. 資訊科技風險管理更形重要：網路科技發達與產業市場競爭激烈，導致資訊科技風險事件增多，對於企業之衝擊更高更廣，使得資訊科技風險管理更形重要。

四、風險管理制度的關鍵成功因素探討

　　如何成功落實風險管理制度，可分項列述如下：

1. **設立專職風險管理組織與專業人員**：設立風險管理委員會、風控長、風險管理經理與專業風險管理職員。透過全公司各層級與跨部門間之分工合作，協力推動風險管理制度。

---

[60]摘錄自保險業內部控制與稽核制度實施辦法與作者意見：保險業之內部控制制度，應配合以下措施：(1)內部稽核制度：設置稽核單位，負責查核各單位，並定期評估營業單位自行查核辦理績效。(2)法令遵循制度：由法令遵循主管依總機構所定之法令遵循計畫，適切檢測各業務經辦人員執行業務是否確實遵循相關法令。(3)自行查核制度：由各業務、財務及資訊單位成員相互查核業務實際執行情形，並由各單位指派主管或相當職級以上人員負責督導執行，以便及早發現經營缺失並適時予以改正。(4)會計師查核制度：由會計師於辦理保險業年度查核簽證時，查核保險業內部控制制度之有效性，並對其申報主管機關報表資料正確性、內部控制制度及法令遵循制度執行情形表示意見。(5)風險控管機制：應建立獨立有效風險管理機制，以評估及監督其風險承擔能力、已承受風險現況、決定風險因應策略及風險管理程序遵循情形。另外，搭配公司治理制度、專職的風險管理制度與金融業務檢查制度後，構建出完整的風險管理制度。

2.全面納入風險管理：金融保險業風險管理制度涵蓋公司治理、內部控制、稽核、自行查核、法令遵循、會計師查核、風險控管與分層負責等制度。

3.實施定期風險分級呈報通報制度。

4.實施風險限額管理與額外風險管理。

5.落實風險調整後績效管理制度。

6.明確將風險管理機制納入作業流程與系統內。

7.建置完善風險管理資訊系統，以提供即時與 E 化的風險管理資訊。

五、保險業資本適足比率(RBC 比率)

1.保險法關於資本適足比率(RBC 比率)之規定

保險法第一百四十三條之四

保險業自有資本與風險資本之比率，不得低於百分之二百；必要時，主管機關得參照國際標準調整比率。

保險業自有資本與風險資本之比率未達前項規定之比率者，不得分配盈餘，主管機關並得視其情節輕重為其他必要之處置或限制。

前二項所定自有資本與風險資本之範圍、計算方法、管理、必要處置或限制之方式及其他應遵行事項之辦法，由主管機關定之。

2.RBC 比率之定義與計算基礎

依據保險業資本適足性管理辦法與產險業 RBC 比率填報資訊，摘列如下：

(1)RBC 比率＝（自有資本／風險資本）×100%

(2)自有資本愈高，RBC 比率愈高；自有資本：指保險業依法令規定經主管機關認許之資本總額；其範圍包括經認許之業主權益與其他依主管機關規定之調整項目。

(3)風險資本：依照保險業實際經營所承受之風險程度，計算而得之資本總額；其範圍包括下列風險項目：資產風險、信用風險、核保風險、資產負債配置風險與其他風險。

(4)實務上產險業計算風險資本時，需要分別針對以下各項風險進行評估計算：

R_0：資產風險--關係人風險

R_1：資產風險--非關係人風險

R_{1O}：資產風險--除股票及匯率以外之資產風險

R_{1C}：資產風險--非關係人匯率風險

R_{1S}：資產風險--非關係人股票風險

R_2：信用風險

R_{3a}：核保風險--準備金風險

R_{3b}：核保風險--保費風險

R_4：資產負債配置風險

R_5：其他風險

(5)風險資本=Σ 各資金運用標的、商品或資產 x 風險係數。無風險資產或低風險資產之風險係數較低、中高風險資產之風險係數較高。風險係數與 K 值，主管機關定期檢視與調整。風險係數數值介於 0~1 之間：例如：銀行存款的風險係數為 0、債券型基金的風險係數為 0.081、K=0.5。風險資本之計算公式如下：

風險資本=

$$K \times \left(R_0 + R_5 + \sqrt{(R_{1O} + R_4)^2 + R_{1C}^2 + R_{1S}^2 + R_2^2 + R_{3a}^2 + R_{3b}^2} \right)$$

第四節　精選考題與考題解析

壹、風險管理師考題選編、作者自編與參考解答

一、選擇題：

A　1.在國外當飛機失事時，大公司負責人與小職員的理賠額不同，請問係採用下列何項保險需求計算法？A.生命價值法 B.遺族需要法 C.所得替代法 D.變額年金法

● 公司負責人或高階主管薪水高、小職員薪水低，因此保險需求或生命價值已分出高低。

B　2.用「生命價值法」計算保險需求時，下列敘述何者錯誤？ A.年紀越高，保險需求越低 B.個人支出占所得比重越大，保險需求越高 C.個人收入成長率越高，保險需求越高 D.投資報酬率越高，保險需求越低。

● 個人支出占所得比重越大，保險需求越低；因為個人支出需要自淨收入內扣除。

C　3.設算被保險人在正常狀況下，於工作生涯中所能創造的經濟收入總和，作為被保險人對家庭經濟的生命價值稱為 A.家庭需要法 B.所得累積法 C.生命價值法 D.倍數法

● 生命價值法或淨收入彌補法以工作生涯的淨收入現值衡量生命價值。

C　4.每年遺族生活費用為 30 萬，市場利率為 2%，請概算應有保額？　A.600 萬　B.1200 萬　C.1500 萬　D.1800 萬

B　5.就全民健康保險而言，下列何者為已實施之制度？(1)總額預算制；(2)診斷關聯群(DRGs)；(3)論人計酬制；(4)部分負擔制。　A.1234　B.124　C.134　D.234。

● 全民健保並非論人計酬制；針對不同病患與不同疾病，將有不同的健保給付。

二、簡答題：

1.請說明人身價值(保額)評定的意義。

參考解答：

人身價值評定的意義如下：

(1)預防保險詐欺：降低保險詐欺或道德風險之發生。

(2)確保保險利益之存在：避免濫用保險情形。

(3)確保保戶之繳費能力：保戶之年收入與年繳保費間應具合理關係，否則保費佔年收入過高，反而導致未來停效或終止。

(4)客觀合理計算客戶的保險需求：透過數量化的收入與支出計算，可以客觀合理評定客戶的投保額度，並提升客戶信賴感。

2.請說明「保險需求」的計算有哪些方法？

參考解答：

(1)生命價值法 (淨收入彌補法)：

生命價值(淨收入現值)=未來收入的現值-未來支出的現值

(2)遺族需要法：

應有保額=未來遺族所需的支出現值+身故後立即必要支出-身故時已儲蓄或投資金額

(3)家計勞務法：

應有保額=淨收入現值+身故後衍生額外費用+家計勞務價值

(4)所得替代法：

應有保額 = 遺族所需生活費用 / 市場利率

(5)其他：資產負債表分析法、理財問卷法、保單健檢法與固定倍數法等。

3.財產保險的需求程度通常有三個層次，試說明其內容。

參考解答：

財產保險的商品需求程度通常有三個層次，列舉如下：

(1)**一定要投保的保險**：依據相關法令規範或作業規範，強制投保的保險商品。諸如：強制汽車第三人責任保險、住宅火災保險附加地震保險、公共意外責任保險、電梯責任保險等。

(2)**必須投保的保險**：提供基本且必備保障的商品，諸如：任意汽車第三人責任保險、雇主責任保險、營業火災保險等。

(3)**建議投保的保險**：個人或企業可依據自身需求，評估是否需要投保之保險商品，諸如：汽車損失保險、汽車竊盜損失險、零配件被竊損失險。

4.試述財產保險規劃應注意之重點。

參考解答：

(1)投保的金額足夠與否

(2)承保範圍是否適當

(3)保險期間是否中斷

(4)承保地點是否完整

(5)承保項目是否週全

(6)投保保費是否經濟實惠

(7)適當搭配自負額、自己保險、預防與抑制等風險管理策略

貳、財產保險經紀人：財產風險管理考題與參考解答

一、通常「生命價值法」（Human Life Value Approach）是衡量人身價值最常用方法之一，請說明在生命價值法之計算公式中，應予考量之因素有那些？請分別說明之。

參考解答：

1.生命價值法以被保險人之未來收入扣除未來支出之折現值，估算其應有保險金額。公式如下：

生命價值＝未來收入的現值-未來支出的現值

2.公式中應考慮因素：利率、收入金額、收入成長率、收入期間、支出金額、支出期間、支出成長率等變數。

二、何謂保險密度（insurance density）、保險滲透度（insurance penetration）？

參考解答：

1.保險密度

(1)公式 ＝ 期間內保費收入 ／ 人口數；代表平均每人的保費支出金額。

(2)意義：財產保險之保險密度金額愈高，代表著當年度平均每人繳納保費愈高。

(3)103 年度台灣財產保險之保險密度約為 5,642 元。

2.保險滲透度

(1)公式 ＝ 期間內保費收入 ／GDP；相當於全國或該地區之當年度平均保費收入之所得佔率。

(2)財產保險之保險滲透度愈高，代表當年度民眾花費在財產保險的支出佔率高。

(3)103 年度台灣財產保險之保險滲透度約為 0.82%。

三、試從國人生活型態轉變的發展過程，說明如何搭配財產保險的使用。

參考解答：

1.網路科技與智慧型手機普及：網路投保、手機投保、線上客服、線上保戶服務等各種服務更加便利。

2.財富管理趨勢：可透過財產保險做好個人保險理財規劃。

3.多元通路趨勢：可透過電視投保、網路投保、電話投保、銀行投保、業務人員、經代公司人員等多元通路投保產險商品。

4.健康醫療的重視：醫療保險之重要性更加提高，並已走上與全民健保互補之發展方向。

5.國內外旅遊頻繁：對於旅行平安保險、海外急難救助或意外醫療保險之需求大增。

四、臺灣經濟奇蹟之背後源於一群辛苦之勞工朋友，而這群勞動者打拚工作的同時，卻難免傳出不幸罹災事件，而職業災害事件之發生，連帶對整個家庭之經濟、生活，甚至對國家社會來說，皆會造成衝擊與損失。例如美國無線電公司（Radio Company of America）污染事件（又稱 RCA 事件），造成臺灣最大的集體工傷案。請問何謂「職業災害」？現行臺灣社會保險中，在勞工發生職業災害時，可有那些給付以及補助？身為一個保險經紀人，您的客戶如果為實際從事工作並獲得報酬之勞工，您如何在政府提供的社會保險給付及補助之外，為您的客戶規劃職業災害發生後的風險移轉？

參考解答：

1.職業災害：

　　指因勞動場所之建築物、機械、設備、原料、材料、化學品、氣體、蒸氣、粉塵等或作業活動及其他職業上原因引起之工作者疾病、傷害、失能或死亡。(依職業安全衛生法條文)

2.勞工發生職業災害時，可有以下的給付以及補助：

(1)勞工保險條例中對於職業災害被保險人提供下列各項給付：傷病給付、醫療給付、失能給付、死亡給付及失蹤給付等。

例如：職災身故可申領勞保職業傷病死亡與喪葬給付，金額為 45 個月的平均投保薪資。

(2)職災勞工可另外請領職業災害勞工保護法的各項津貼及補助：職業疾病生活津貼與職業傷害(身體障害)生活津貼、職業訓練津貼、器具補助、看護補助與家屬補助等。例如：職災失能勞工，符合勞保第七級失能等級，105 年每月可請領約 5,850 元津貼。未投保勞工保險勞工也可以申領職災保護法之各項津貼。

3.如何為客戶規劃職業災害發生後的風險移轉：

可建議雇主或企業，透過公司付費方式，投保雇主補償責任險，並投保團體傷害險與團體健康險等保險商品，以移轉職災風險並增進員工福利、提高員工向心力。

五、政府為公平合理、迅速有效處理金融消費爭議，以保護金融消費者權益，於2012年2起設立那個機構負責辦理？

參考解答：

1.金融消保法實施後，政府成立金融消費評議中心，以公平、合理且有效地處理金融保險相關的爭議案件。

2.依金融消費者保護法規定，金融保險消費者須先向金融保險業者提出申訴，如不接受金融保險業者的申訴處理結果，或金融保險業者超過 30 天不為處理者，可向金融消費評議中心申請評議。

六、產險業在經營業務時，如何有效運用各種危險管理方法來管理其所面臨之危險？試以產物保險公司為例，請分析其在經營中可能面臨那些危險？再者，面對這些危險其所採行之危險管理方法有那些？請分予說明之。

參考解答：

產物保險公司經營的可能風險與可採行之風險管理方法如下：

1.市場風險：

(1)指資產價值在某段期間因市場價格變動，導致資產可能發生損失之風險。

(2)風險管理機制：保險業應針對涉及市場風險之資產部位，訂定適當之市場風險管理機制，並落實執行，諸如敏感性分析與壓力測試。

2.信用風險：

(1)指債務人信用遭降級或無法清償、交易對手無法或拒絕履行義務之風險。

(2)風險管理機制：保險業應針對涉及信用風險之資產部位，訂定適當之信用風險管理機制，並落實執行，諸如交易前後之信用風險管理與信用分級限額管理。

3.流動性風險

(1)包含資金流動性風險及市場流動性風險。資金流動性風險指無法將資產變現或取得足夠資金，以致不能履行到期責任之風險。市場流動性風險指由於市場深度不足或失序，處理或抵銷所持部位時面臨市價顯著變動之風險。

(2)資金流動性風險管理機制：保險業應依業務特性評估與監控短期現金流量需求，並訂定資金流動性風險管理機制，以因應未來之資金調度，諸如現金流量模型管理。

(3)市場流動性風險管理機制：保險業應考量市場交易量與其所持部位之相稱性。對於巨額交易部位對市場價格造成重大影響，應謹慎管理。

4.作業風險

(1)指因內部作業流程、人員及系統之不當或失誤，或因外部事件造成之直接或間接損失之風險。

(2)風險管理機制：適當之權責劃分、保留交易軌跡、強化法令遵循與危機處理等。

5.保險風險

(1)指經營保險本業於收取保險費後，承擔被保險人移轉之風險，依約給付理賠款及相關費用時，因非預期之變化造成損失之風險。

(2)風險管理機制：保險業對於商品設計及定價、核保、再保險、巨災、理賠及準備金相關風險等，應訂定適當之管理機制，並落實執行；諸如產險業執行損失分配模型等定價管理模式。

6.資產負債配合風險

(1)指資產和負債價值變動不一致所致之風險，保險業應根據所銷售之保險負債風險屬性及複雜程度，訂定適當之資產負債管理機制，使保險業在可承受之範圍內，形成、執行、監控和修正資產和負債相關策略，以達成公司預定之財務目標。

(2)風險管理機制：存續期間分析、風險值、現金流量管理、隨機情境分析與壓力測試。

7.其他風險

七、選擇良好的保險公司應考慮那些因素，試簡要說明之。

參考解答：

1.財務穩健：公司財務穩健並秉持永續經營理念，著重風險管理並強化資產負債管理與清償能力等，消費者可參酌保險公司的信用評等資訊。

2.專業服務與客戶服務品質良好：除建議適當商品內容外，業務人員與客戶服務人員提供優質且專業的服務，諸如：清楚解說與建議商品內容與理賠規範、提供風險管理與損害防阻建議、免費拖吊服務、保單定期健檢與 0800 服務等。另外企業是否持續創新並提供適切的商品與服務，也十分關鍵。

3.專業經營與誠信：公司經理人經營理念與策略非常重要，若公司經理人操守不正、公司研發創新停滯、公司經常被主管機關懲罰或公司不重視企業社會責任，皆影響著企業的整體績效。

八、企業或因不瞭解保單保障內容，或因欠缺風險管理的認知，以致保險計畫之保障不足甚或缺乏保險保障。身為財產保險經紀人，您應注意那些事項以協助確保企業經理人所購買的保單符合企業實際需要？

參考解答：

財產保險經紀人可協助之事項列舉如下：

1.協助企業修訂與擬訂財產風險管理計畫

(1)協助評估損失風險：損失發生頻率、可能損失幅度、損失變異程度

(2)協助評估風險對企業財務的影響

(3)協助擬訂保險計畫：挑選適當的保險商品(保險種類與承保範圍、保險金額、保險費與決定自負額額度或比例)

(4)提供風險控制相關建議：例如消防措施、分散、抑制、防災等風險管理措施

(5)提供風險理財相關建議：例如提撥準備金、自己保險、自留等各種方法，如何搭配保險管理風險。

2.協助定期保單健檢

(1)審核保險契約內容

(2)確認保險項目與保險標的

(3)歸納整理投保險種內容、項目與缺口

(4)指出重複投保、不足額投保或未承保風險項目

九、消費者透過保險經紀人或保險公司的業務員安排保險有何差別？在目前台灣的產險市場，保險經紀人的發展前景如何？試抒己見。

參考解答：

1.透過保險經紀人或保險公司的業務員安排保險之差別：

保險經紀人為基於被保險人利益，洽訂保險契約或提供服務，而收取佣金或報酬之人，因此保險經紀人與保險業務員之差別頗多，摘述如下：

(1)商品範圍差異：保險經紀人可建議多家公司商品，保險業務員僅能推薦所屬登錄公司之商品。

(2)服務內容差異：保險業務員主要從事保險招攬，保險經紀人的工作除了保險招攬外，還有保單諮詢服務、風險項目與保單之對照與建議、風險控制建議、風險理財建議、產險理賠諮詢服務與再保險安排服務等。

2.台灣的產險市場，保險經紀人的發展前景：

銀行保險經紀人與中大型經紀人公司的資源與人力相對多，提供的服務也相對專業與完整，因此發展前景將更趨良好。但個人執業或小型經紀人公司由於資源有限，受限於銀行與業務通路競爭因素，發展因而受限。

十、請以製造業或服務業的大型企業為例，訂定風險管理政策（Risk management policy）？為何須先行「由上而下」，後行「由下而上」，主要理由何在？請試述之。

參考解答：

1.**以金融服務業為例，訂定風險管理政策如下**：為了有效監控及管理各項風險，以強化公司競爭優勢並減輕損失。公司將風險來源區分為七大類，分別為市場風險、信用風險、流動性風險、保險風險、作業風險、資產負債配合風險及其他風險，各項風險以適當方式予以辨認、評估、管理與監控。

2.**風險管理政策之制定應先行由上而下**：風險管理政策經風險管理委員會同意後，呈請董事會核准後實施而且至少每年定期檢視一次。其中風險管理委員會由董事會經管，而且風險管理政策由董事會核准後實施，並透過董事會形成全公司的既定政策、方向與共識。隨後，由風險管理部門與相關權責

部門進一步依照風險管理政策執行，因此風險管理政策的訂定應由上而下。

3.**風險管理政策之執行應由下而上**：風險管理部門與各權責部門應就各自負責之職掌與分層負責事項，落實風險管理職務，並定期向風控長、風險管理委員會與董事會呈報風險管理績效。董事會或風險管理委員會僅負責風險管理政策、方向與重要風險管理議題之決議。因此執行風險管理業務時，應由下而上。

生涯規劃篇：

● 　生涯規劃的過程，一定要費心費力思考詢問，不能完全依賴父母與同儕意見；更不要人云亦云，毫無主見。別忘了，這是您個人專屬的生涯規劃，而不是父母、同學、老師或別人喔！

● 　生涯規劃的過程，就好比人生旅程，有起點、有目的地，您可以搭乘高鐵直達目的地，也可以中途下車旅遊，下次再向最後目的地邁進。

● 　沒有目標的人生、您的人生就好比是汪洋中的獨木舟般、在濃霧中迷路般、在旅途中總是搭錯車般，永遠不知道自己身在何處？心在何處？航向何方？何時到達目標？何時結束迷途？何時脫離苦難煩惱？何時才能自我實現？

附錄：保險業風險管理實務守則

1.總則

1.1 為提供保險業建立風險管理機制所需之實務參考，並協助保險業落實風險管理，以確保資本適足與清償能力，健全保險業務之經營，特訂定本守則。

1.2 本守則所稱之風險，係指對實現保險業營運目標具有負面影響之不確定因素。

1.3 保險業建立之風險管理機制，除應遵守相關法規外，應依本守則辦理，以落實風險管理。

1.4 本守則之風險管理架構包括風險治理、風險管理組織架構與職責、風險辨識、風險衡量、風險回應、風險監控及資訊、溝通與文件化，如下圖所示。

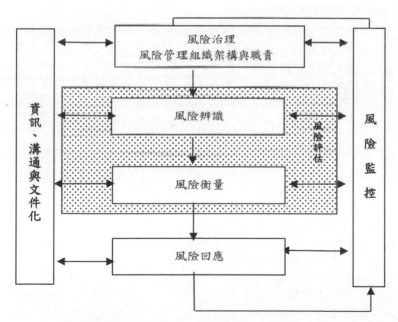

1.5 保險業應考量本身業務之風險性質、規模及複雜程度，建立適

當之風險管理機制，並將風險管理視為公司治理之一部分，以穩健經營業務。

1.6 風險管理機制應結合保險業之業務經營及企業文化，並依據訂定之風險管理政策，運用各種質化與量化技術，管理保險業可合理預期且具攸關性之重要風險。

1.7 董事會及高階主管人員應負責推動及執行風險管理政策與程序，並確保企業內全體員工充分瞭解及遵循風險管理之相關規定。

1.8 保險業為執行風險管理政策所建立之作業流程及管理辦法，應予以文件化，相關之風險報告與資訊揭露應定期提供、追蹤與更新。

1.9 保險業應重視風險管理單位與人員，授權其獨立行使職權，以確保該風險管理制度得以持續有效實施。

2.風險治理

2.1 風險管理哲學與政策

2.1.1 風險管理哲學係企業全體員工共同分享之一套理念及態度，藉由其所從事之所有活動，從擬定策略到執行日常之例行活動，以顯示企業如何管理風險。

2.1.2 董事會及高階主管人員應藉由其對企業本身組織及風險之了解，建立所屬企業之風險管理哲學，以指引內部風險管理機制及能力之建立，並確保營運目標及策略與風險管理哲學相符合。

2.1.3 為落實風險管理哲學，並將風險管理機制與企業之日常營運活動整合，保險業應訂定風險管理政策，以作為日常執行風險管理作業之規範依據。

2.1.4 訂定風險管理政策時，應考量企業文化、經營環境、風險管理能力及相關法規，並應經董事會核定後實施，修正時亦同。

2.1.5 風險管理政策內容應涵蓋以下項目：
　　1.風險管理策略及風險管理目標。
　　2.風險管理組織與職責。
　　3.主要風險種類。
　　4.風險胃納（Risk Appetite）。

　　5.風險評估、回應與監控。
　　6.文件化之規範。

2.2　風險管理文化

2.2.1 保險業之投資及業務應同時考量報酬及風險，建立風險管理之
　　　決策性地位，此為風險管理文化之深入與內化，亦為風險管理
　　　成功之關鍵。

2.2.2 保險業之風險管理文化必須為系統之運作，風險管理非僅係風
　　　險管理單位之職責，從董事會到業務單位均應參與及負責，以
　　　建立全方位之風險管理文化。

2.2.3 保險業之風險管理文化必須由上而下才能有效的建立，其具體
　　　呈現包括但不限於下列事項：
　　　1.董事會成員及高階主管人員接受風險管理相關專業訓練，　並
　　　　給予支持。
　　　2.定期向董事會提出整體風險管理報告。
　　　3.風險管理最高主管之任免經董事會通過。
　　　4.風險管理單位主管有適當之位階。

2.3　風險胃納與限額

2.3.1 風險胃納與保險業之營運策略有關連。所謂風險胃納，係保險
　　　業在追求其價值時，公司整體所願意接受之風險程度。風險胃
　　　納反應保險業之風險管理哲學，進而影響風險管理文化及營運
　　　風格。

2.3.2 保險業應訂定風險胃納，並注意以下事項：
　　　1.應根據公司之經營策略與目標，並考慮業務成長、風險與報酬
　　　　等因素，訂定公司整體之風險胃納。
　　　2.保險業在考量風險胃納時，得以量化或質化方式呈現。
　　　3.在訂定量化風險胃納時，風險胃納應與財務指標相連結。
　　　4.董事會應每年審視風險胃納，若有需要則進行適當調整。

2.3.3
　　　1.保險業應依風險特性與公司之風險胃納，訂定各主要風險限額，
　　　　並定期監控及落實執行限額超限之處理。
　　　2.保險業應定期檢視風險限額，以適時因應外在環境變化及內部
　　　　決策之改變。

2.3.4 保險業應衡量並彙總公司整體及各業務單位之風險，包括市場、信用與其他主要風險，並與風險胃納比較。風險之彙總，宜考量各類主要風險間之相關性。

2.4 風險調整後績效管理

2.4.1 保險業應在公司風險管理政策及風險胃納下，衡量保險商品（險種）或投資績效，於評估個別績效時，宜同時考量報酬與風險承擔之關係。

2.4.2
1. 為減少短期誘因之獎金支付，保險業應以長期績效做為評量獎酬之依據，以落實風險與報酬之平衡性。
2. 保險業得視其風險管理文化及風險衡量之成熟度，考量實施風險調整後之獎酬機制。

2.5 資本適足性評估

保險業應維持符合主管機關法規之資本適足率。其內容包含下列各項：

1. 保險業應依規定期限完成資本適足率之計算，並保留相關計算之紀錄。
2. 風險管理單位應了解保險業營運策略及其對資本適足率之影響。
3. 保險業應配合主管機關規定，建立資本適足性評估程序。
4. 保險業宜發展經濟資本（EC；Economic Capital）之量化技術與自我風險及清償能力評估機制（ORSA；Own Risk and Solvency Assessment），以加強資本管理。

3.風險管理組織架構與職責

3.1 風險管理組織架構

1. 保險業應設置隸屬董事會之風險管理委員會，並應指定或設置獨立於業務單位之外之風險管理單位，俾有效規劃、監督與執行風險管理事務。
2. 保險業風險管理組織架構之設計，應考量個別組織型態、業務規模、企業文化及所承擔風險主要內涵之差異而有所調整。

3.風險管理非僅為風險管理單位之職責，公司其他相關單位亦有其相應之職責，以有效落實整體業務之風險管理。

4.風險管理之落實應有明確之權責架構及監控陳報流程，其內容包括對上陳報、向下溝通及跨部門間之資訊交流，促使相關之風險管理資訊能作有效之彙總、傳遞與研判等事項，俾公司之營運策略及風險管理政策可因應主客觀環境變化，進行適當之調整。

3.2 風險管理職責

1.保險業配合其組織及作業流程，應建立風險管理之各層級職責。於整合風險管理時，應考量「由上到下」和「由下往上」兩個處理面向。

2.董事會和高階主管人員應發展並執行風險管理政策，使公司整體之營運能符合其策略目標。此外，董事會和高階主管人員也應確保任何重大且新增之業務行為（包括新型態商品或業務所產生之曝險部位）都在適當授權下核准通過。

3.風險管理職責及功能之執行應被清楚地分配及委派，風險管理單位應獨立於各業務單位，以落實執行整體風險管理政策及協調溝通各業務單位之風險控管任務。

3.2.1 董事會

1.應認知保險業營運所需承擔之各項風險，確保風險管理之有效性並負整體風險管理之最終責任。

2.必須建立適當之風險管理機制及風險管理文化，核定適當之風險管理政策且定期審視之，並將資源做最有效之配置。

3.董事會對於風險管理並非僅止於注意個別單位所承擔之風險，更應從公司整體角度考量各種風險彙總後所產生之效果。同時亦應考量主管機關所定法定資本之要求，以及各種影響資本配置之財務、業務相關規定。

3.2.2 風險管理委員會

1.擬訂風險管理政策、架構、組織功能，建立質化與量化之管理標準，定期向董事會提出報告並適時向董事會反應風險管理執行情形，提出必要之改善建議。

2.執行董事會風險管理決策，並定期檢視公司整體風險管理機制之發展、建置及執行效能。

3.協助與監督各部門進行風險管理活動。

4.視環境改變調整風險類別、風險限額配置與承擔方式。

5.協調風險管理功能跨部門之互動與溝通。

3.2.3 風險管理單位

1.負責公司日常風險之監控、衡量及評估等執行層面之事務，其應獨立於業務單位之外行使職權。

2.風險管理單位應依經營業務種類執行以下職權：

(1)協助擬訂並執行董事會所核定之風險管理政策。

(2)依據風險胃納，協助擬訂風險限額。

(3)彙整各單位所提供之風險資訊，協調及溝通各單位以執行政策與限額。

(4)定期提出風險管理相關報告。

(5)定期監控各業務單位之風險限額及運用狀況。

(6)協助進行壓力測試。

(7)必要時進行回溯測試（Back Testing）。

(8)其他風險管理相關事項。

3.董事會或風險管理委員會應授權風險管理單位處理其他單位違反風險限額時之事宜。

3.2.4 業務單位

1.為有效聯結風險管理單位與各業務單位間，風險管理資訊之傳遞與風險管理事項之執行，保險業視公司組織型態、規模大小及不同業務單位之重要性或其複雜度，得於業務單位中設置風險管理人員，俾有效且獨立地執行各業務單位之風險管理作業。

2.業務單位主管執行風險管理作業之職責如下：

(1)負責所屬單位日常風險之管理與報告，並採取必要之因應對策。

(2)應督導定期將相關風險管理資訊傳遞予風險管理單位。

3.業務單位執行風險管理作業之職責如下：

(1)辨識風險，並陳報風險曝露狀況。

(2)衡量風險發生時所影響之程度（量化或質化），以及時且正確之方
　式，進行風險資訊之傳遞。

(3)定期檢視各項風險及限額，確保業務單位內風險限額規定之有效執
　行。

(4)監控風險曝露之狀況並進行超限報告，包括業務單位對超限採取之
　措施。

(5)協助風險模型之開發，確保業務單位內風險之衡量、模型之使用及
　假設之訂定在合理且一致之基礎下進行。

(6)確保業務單位內部控制程序有效執行，以符合相關法規及公司風險
　管理政策。

(7)協助作業風險相關資料收集。

3.2.5 稽核單位

　　稽核單位應依據現行相關法令規定查核公司各單位之風險管理
執行狀況。

4.風險管理流程

　　風險管理流程包括風險辨識、風險衡量、風險回應、風險監控及
資訊溝通與文件化。

4.1 風險辨識

4.1.1 為達成風險管理目標，保險業應辨識公司營運過程中可能 面臨
　　　之風險。

4.1.2 保險業營運可能面臨之風險包括市場風險（Market Risk）、信
　　　用風險（Credit Risk）、流動性風險（Liquidity Risk）、作業風
　　　險（Operational Risk），保險風險（Insurance Risk）及資產負債
　　　配合風險（Asset Liability Matching）等。

4.2 風險衡量

4.2.1 保險業於辨識不同業務所含之風險因子後，應進行適當之風險
　　　衡量。

4.2.2 風險衡量係透過對風險事件發生之可能性及其所產生之負面
　　　衝擊程度之分析等，以瞭解風險對公司之影響，並將此種影響
　　　與事先設定之風險胃納或限額加以比對，俾作為後續擬訂風險

控管之優先順序及回應措施之參考依據。

4.2.3 風險衡量應按不同類型之風險訂定適當之量化方法或其他可行之質化標準予以衡量，以作為風險管理之依據。

4.2.4 風險量化之衡量應採用統計分析或其他量化技術。

4.2.5 風險質化之衡量係指透過文字描述，以表達風險發生之可能性及其影響程度，其適用之情況如下：

1. 初步篩選之用，以作為後續更精確衡量風險之前置作業。

2. 量化分析過於耗費資源，不符成本效益時。

3. 相關之數據及衡量方法，尚不足以進行適當之量化分析。

4.2.6 保險業應依風險屬性定期進行壓力測試，以了解保險業發生重大事件之可能損失情況及其財務強度。

4.2.7 保險業應依風險屬性於必要時進行回溯測試，將實際結果與風險衡量估計值比較，以檢驗其風險衡量之可信賴程度。

4.3 風險回應

4.3.1 保險業於評估及彙總風險後，對於所面臨之風險應採取適當之回應措施。

4.3.2 風險回應可採行之措施包括：

1. 風險規避：決定不從事或不進行該項業務或活動。

2. 風險移轉：採取再保險或其他移轉方式，將全部或部分之風險轉由第三者承擔。

3. 風險控制：採取適當控管措施，以降低風險發生之可能性及發生後可能產生之衝擊。

4. 風險承擔：不採取任何措施來改變風險發生之可能性，並接受其可能產生之衝擊。

4.3.3 各業務單位於發生風險事件時，受事件影響之單位或依權責應行處理該事件之單位主管人員，應立即進行處理，並通報風險管理等相關單位後，依所訂核決權限報告。事後並應檢討事件發生原委，提出改善方案，追蹤改善進度。

4.4 風險監控

4.4.1 保險業應依風險屬性及風險胃納訂定主要風險之風險限額，依核決權限核准後施行，並向各單位傳達說明風險限額之內容，

以確保相關人員了解限額管理之相關規範。

4.4.2 保險業應建立風險監控程序，以定期檢視並監控各種風險限額運用情形及其超限狀況，並做適當之處理。

4.4.3 保險業之風險監控與回報系統，應因應公司經營目標、曝險情況與外在環境之改變而進行檢討，包括對現有風險管理機制之有效性衡量，以及風險因子之適當性評估。

4.4.4 保險業應制定各項風險之適當監控頻率與逐級陳報機制，使得在發現缺失及異常狀況時，均能依規定陳報。對重大之風險，可訂定特殊報告程序以掌握處理時效。

4.5 資訊、溝通與文件化

4.5.1 所稱資訊，係指為達成營運目標所需之風險管理與決策之內部及外部資訊。

4.5.2 保險業資訊系統所提供之資料應具時效性及可靠性。

4.5.3 所稱溝通，係指交換有關風險及風險管理相關資訊及意見之互動過程。

4.5.4 保險業組織內由上而下、由下而上，以及橫向之間應建立有效之溝通管道。

4.5.5 保險業之風險管理機制應予文件化，該文件化之內容，可包括但不限於：

1.風險管理組織架構及分層負責職務項目。
2.風險管理政策。
3.風險辨識及衡量。
4.風險回應策略及執行計畫。
5.風險監控。
6.主要風險之管理機制。

5.各類風險之管理機制

5.1 市場風險

5.1.1 市場風險管理原則

市場風險係指資產價值在某段期間因市場價格變動，導致資產可能發生損失之風險。保險業應針對涉及市場風險之資產部位，訂定適

當之市場風險管理機制，並落實執行；其管理機制至少應包括下列
項目：

　　1.針對主要資產訂定相關風險控管辦法。

　　2.市場風險衡量方法（可包括質化或量化之方法）。

　　3.訂定適當之市場風險限額及其核定層級與超限處理方式。

5.1.2 市場風險之質化衡量

　　1.可透過文字描述，以表達風險發生之可能性及其影響程度，具
　　　體載明於風險控管辦法內。

　　2.進行質化風險衡量時，可採適切之數值以表示相對之程度或權
　　　重之半量化分析方式。

5.1.3 市場風險之量化衡量

1.保險業應衡量交易部位（TRD；Trading）及備供出售部位（AFS；
　Available for Sale）之市場風險，建立可行之量化模型，以定期計
　算市場風險，並與風險限額進行比較與監控。

2.市場風險量化模型可包括：

(1)統計方法及模型驗證測試。

(2)敏感性分析。

(3)壓力測試。

(4)其他可行之風險量化模型。

3.衡量方法應正確且嚴謹，並應確保使用方法之一致性。

5.1.4 統計方法及模型驗證測試

1.統計方法

(1)對於公司整體或個別投資商品之市場風險衡量，應採統計方法，作
　　為公司了解整體市場風險之參考依據。

(2)若欲衡量投資組合之市場風險，建議採用風險值（VaR；Value at
　　Risk）或條件尾端期望值（CTE；Conditional Tail Expectation）法，
　　可提供公司風險衡量之共通比較基礎。

(3)使用風險值衡量法所使用之持有期間與信賴水準假設，應考量投資
　　目的及資產之流動性。

(4)管理市場風險之相關人員應了解市場風險模型之假設與限制，並具
　　備風險值衡量之專業能力。

2.模型驗證測試

　採用統計方法評估市場風險時，應透過回溯測試或其他方法，進行模型估計準確性之驗證。

5.1.5 敏感性分析

保險業宜衡量投資組合價值對個別風險因子之敏感度，以加強市場風險控管。

5.1.6 壓力測試

1.保險業應定期或不定期執行壓力測試，以評估因市場過度變動之潛在異常損失，進而做好應付此類情況之準備。壓力測試之兩個主要目標：

(1)評估潛在最大損失是否超過風險胃納及自有資本吸收損失之能力；

(2)擬定公司為降低風險並保存資本而可能採取之計畫，如辦理避險、調整投資組合及增加公司所能取得之籌資來源等。

2.壓力測試方式可採歷史情境法或假設情境法，以衡量所涉及之風險衝擊效果。

(1)歷史情境法係指利用過去某一段時間，市場曾經發生劇烈變動之情境，評估其對目前資產組合所產生潛在之損益影響。

(2)假設情境法係指執行壓力測試者自行假設資產可能之各種價格、波動性及相關係數等情境，評估其對目前資產組合所產生潛在之損益影響。

(3)公司應根據本身投資組合特性，考慮壓力測試之假設內容，選定適當之測試方式。

5.1.7 外匯風險

保險業應對國外投資資產建構外匯風險管理及避險機制，其內容至少應包括下列項目：

1.訂定外匯風險的上限及其核算標準；

2.外匯曝險比率的控管機制、外匯曝險比率之計算基礎、外匯曝險之範圍及其相對應之避險工具及避險策略；

3.訂定定期監控頻率及流程；

4.重大波動時之模擬情境及因應措施；

5.執行極端情境的壓力測試及敏感性分析；

6.外匯價格變動準備金低於一定比率時，應檢討避險策略及提出因應
　對策等（壽險業適用）。

5.2 信用風險

5.2.1 信用風險管理原則

信用風險係指債務人信用遭降級或無法清償、交易對手無法或拒絕履
行義務之風險。保險業應針對涉及信用風險之資產部位，訂定適當之
信用風險管理機制，並落實執行；其管理機制可包括下列項目：

1.交易前之信用風險管理。

2.信用分級限額管理。

3.交易後之信用風險管理。

5.2.2 交易前之信用風險管理

1.交易前應審慎評估交易對手、發行者、保證機構等之信用等級，並
　確認交易之適法性。

2.涉及複雜結構型商品之投資決策過程，需經由信用風險管理有關之
　各層級授權，並有適當之陳報流程與作業內容。

5.2.3 信用分級限額管理

1.訂定信用分級管理制度時，宜考量公司投資資產複雜程度及特性，
　建議可包含以下內容：

(1)依交易對手、發行者、保證機構等，設定各級信用限額並分級管理
　之。

(2)依國家、區域及產業別等，設定各級信用限額並分級管理之。

2.應定期並於內、外在經濟情況發生重大變化時，重新檢視信用限額。

5.2.4 交易後之信用風險管理

1.定期檢視信用狀況

(1)定期檢視總體信用市場狀況，了解信用市場之趨勢，以期達到信用
　風險之預警效果。

(2)定期檢視交易對手、發行者、保證機構、投資部位等之信用狀況，以充分揭露其風險狀況。

2.各部位信用風險限額控管

(1)信用曝險金額應定期衡量，並與核准之信用風險限額進行比較與監控。

(2)信用曝險金額衡量之分類可包括：交易對手、發行者、保證機構、國家、區域別，商品別等。

3.信用風險預警

(1)宜訂定各類信用風險事件之預警制度，與通報作業程序。

(2)針對主要信用風險事件，應有適當之通報程序，進而做好應付此類情況之準備。

5.2.5 信用加強與信用風險抵減

1.對於信用加強方式，可採行限制新增部位、保證、或增提擔保品等措施。

2.對於信用風險抵減方式，可採抵銷協議（Netting Agreement）、購買信用衍生性商品等措施，並確認法律權限之可執行性，以落實執行既有程序。

3.其他有效降低信用風險之措施。

5.2.6 信用風險之量化衡量

保險業應就無活絡市場及持有至到期日（HTM；Hold to Maturity）或其他信用部位之交易，視公司需要，參採下列方式以衡量信用風險：

1.預期信用損失（ECL=EAD x PD x LGD）之估計包含以下三項：

(1)信用曝險金額（EAD；Exposure at Default）。

(2)投資部位或交易對手之信用違約率（PD；Probability of Default）。

(3)投資部位或交易對手之違約損失率（LGD；Loss Given Default）。

2.未預期信用損失可視需要，採信用損失分配估計方式。

3.信用風險壓力測試。

5.2.7 信用風險壓力測試

1.保險業在訂定信用異常變動因應措施時，宜採用壓力測試模擬，以衡量異常信用變動對投資組合價值變動之影響，作為擬具因應措施之依據。

2.壓力測試方式可採歷史情境法或假設情境法以衡量所涉及之風險衝擊效果。

(1)歷史情境法係指利用過去某一段時間,市場曾經發生劇烈變動之情境,評估其對目前資產組合所產生潛在之損益影響。

(2)假設情境法係執行壓力測試者自行假設可能之各種情境,評估其對目前資產組合所產生潛在之損益影響。

(3)公司宜根據本身的投資組合特性,考慮壓力測試之假設內容,選定適當之測試方式。

5.3 流動性風險

5.3.1 流動性風險管理原則

流動性風險分為「資金流動性風險」及「市場流動性風險」。「資金流動性風險」係指無法將資產變現或取得足夠資金,以致不能履行到期責任之風險;「市場流動性風險」係指由於市場深度不足或失序,處理或抵銷所持部位時面臨市價顯著變動之風險。保險業應訂定適當之流動性管理機制,並落實執行,其管理機制至少應包括下列項目:

1.資金流動性風險管理。

2.市場流動性風險管理。

3.異常及緊急狀況資金需求策略。

5.3.2 資金流動性風險管理

1.保險業應依業務特性評估與監控短期現金流量需求,並訂定資金流動性風險管理機制,以因應未來之資金調度。

2.保險業應設立一獨立於交易單位之資金調度單位,每日現金管理及持續性現金流量管理,並負責監控各業務單位淨現金流量。

(1)應綜合考量各部門對資金需求之金額與時程,進行資金管理。

(2)資金調度單位需與業務單位及相關部門保持密切聯繫,並針對個別交易之資金使用狀況,與結算交割相關部門相互溝通。

3.資金流動性除應考慮本國短期資金調度外,亦需考量跨國或跨市場之資金流量調度。

4.保險業得採用現金流量模型,以評估及監控公司之中、長期現金流量變化情形。

5.3.3 市場流動性風險管理

1.保險業應考量市場交易量與其所持部位之相稱性。

2.巨額交易部位對市場價格造成重大影響,應謹慎管理之。

5.3.4 異常及緊急狀況資金需求策略

1.保險業對異常或緊急狀況導致之資金需求,應擬定應變計畫。

2.發現業務單位重大與異常使用現金情形時,資金調度單位應通報風險管理單位或其他相關單位,必要時得成立危機處理小組,以處理重大流動性風險。

5.4 作業風險

5.4.1 作業風險管理原則

作業風險係指因內部作業流程、人員及系統之不當或失誤,或因外部事件造成之直接或間接損失之風險。其內容包括法律風險,但不包括策略風險及信譽風險。

保險業對於作業風險應訂定適當之風險管理機制,其內容包含但不限於下列各項:

1.作業風險控管措施。

2.作業風險辨識。

3.作業風險衡量。

4.作業風險管理工具。

5.4.2 作業風險控管措施

1.適當之權責劃分

 各項業務活動及營運交易之作業流程應建立適當之權責劃分。

2.授權層級及授權額度

 不同型態之業務及交易活動訂定明確之分層負責授權標準,各層級人員在授權範圍及授權額度內執行各項營運作業。

3.保留交易軌跡

 公司應依規定保留各項業務活動及營運交易之文件紀錄或相關資訊。

4.法令遵循

公司應依法指定法令遵循主管，並由其擬訂法令遵循制度，報經董事會通過後施行。各相關單位應訂定業務規章，以作為業務進行之遵循依據，並應定期評估法令遵循執行情形。

5.簽訂契約之風險管理

公司各項對外契約之內容條件，除應事先詳細評估外，並應經公司之法務單位或法律顧問審閱，再依裁決權限簽核後，始得簽訂。但若公司訂有分層授權辦法時，則可依該辦法執行。

6.委外作業管理

公司辦理委外作業時，應遵循主管機關頒布之相關規定及公司內部作業規範辦理。

7.法律糾紛之風險管理

公司或員工因執行職務而成為訴訟或仲裁案件被告時，應即通知公司之法務單位或法律顧問，俾評估公司應採取之法律行動。

8.法令變動風險之管理

公司應密切注意與所營事業相關法令之訂定與修正，分析其可能對公司產生之影響，並採取因應措施。

9.非契約權利風險之管理

公司應保護公司有形及無形之資產，就公司之有形資產應完成必要之登記或法律程序，以確保公司之所有權或其他權利得依法行使；就公司之無形資產應建立必要機制，確保公司之智慧財產權不受第三人非法之侵害。若欲授權第三人使用公司之智慧財產權，應於授權契約中明定授權之期間、範圍與方式。

10.緊急事故危機處理

公司應建立緊急事件危機處理作業機制及資訊系統損害應變處理等備援機制，確保重大危機事故發生時，公司仍可繼續運作，持續提供客戶服務，並將損失影響程度降至最低。

5.4.3 作業風險辨識

作業風險辨識應考量人員、系統、流程或外部事件等主要風險因子，以確保商品、企業活動、流程及系統在推出或上線前已完成適當之作業風險辨識。

5.4.4 作業風險衡量

作業風險衡量主要係為了解作業風險之程度及本質，進而能協助作業

風險回應方案之形成及決定實施之優先順序。而作業風險程度主要是由發生可能性及影響程度來決定。風險之發生可能性及影響程度可利用質化或量化方式進行分析。

1.質化分析

質化分析方式主要是利用敘述方式來定義風險程度。完成質化之發生可能性及影響程度分析後，可透過風險比對步驟得出作業風險之高低程度並給予不同之風險因應方式。

2.量化分析

當有足夠之作業風險歷史資料，並且有能力將作業風險發生可能性及影響程度利用數字表達時，宜使用量化之作業風險衡量方式。

5.4.5 作業風險管理工具

保險業應建置質化或量化之工具來辨識、衡量及管理作業風險，常用之作業風險管理工具如下，各公司得視需要酌予採用：

1.蒐集作業風險損失資料

保險業可蒐集彙整過去內部或外部損失事件，以作為未來風險評估之依據。

2.風險及控制自評（RCSA；Risk and Control Self-Assessment）：

風險及控制自評是保險業內部評估關鍵風險、控制設計重點、及控制缺失之後續因應措施之主要工具。保險業藉由風險及控制自評程序，內部的營運單位可辨識出其潛在作業風險，進而發展出管理作業風險之適當程序。

3.關鍵風險指標（KRI；Key Risk Indicator）：

關鍵風險指標是量化作業風險測量指標之一，代表於特定流程中之作業風險表現。

5.5 保險風險

保險風險係指經營保險本業於收取保險費後，承擔被保險人移轉之風險，依約給付理賠款及相關費用時，因非預期之變化造成損失之風險。

保險業對於保險風險中所涉及之商品設計及定價、核保、再保險、巨災、理賠及準備金相關風險等，應訂定適當之管理機制，並落實執行。

5.5.1 商品設計及定價風險

附錄：保險業風險管理實務守則

1.商品設計及定價風險管理原則

商品設計及定價風險係指因商品設計內容、所載條款與費率定價引用資料之不適當、不一致或非預期之改變等因素所造成之風險。保險業對於商品設計及定價風險應訂定適當之風險管理機制，並落實執行；其內容可包含但不限於下列項目：

(1)評估商品內容之妥適性、合法性及市場競爭力。

(2)檢視商品費率之適足性、合理性及公平性。

(3)檢測行政系統之可行性。

(4)商品設計及定價風險衡量方法。

(5)商品設計及定價風險控管方式。

2.商品設計及定價風險衡量

商品設計及定價風險衡量可按不同類型之商品訂定適當之質化標準或量化方法予以衡量，以作為保險風險管理之依據，以達成風險管理之目的。

(1)以質化方式衡量風險時，可透過文字的描述表達風險發生之可能性及其影響程度，以適當反應風險。

(2)對於可量化之風險，可採統計分析或其他方法進行分析衡量，並針對不同商品所面臨較敏感之因素，進行相對應之敏感度分析或情境分析（適用於壽險業）。

3.商品設計及定價風險衡量工具

保險業進行商品設計及定價風險衡量時，可參酌之衡量方法包括但不限於下列項目：

(1)利潤測試（適用於壽險業）

a.執行利潤測試時，應依據商品類型及特性，配合公司之經營策略，訂定可接受之利潤目標，藉以檢驗或調整商品之設計及定價風險。

b.對於利潤測試過程中所採用之各項精算假設，除須與商品內容一致外，亦應有相關之精算理論或實際經驗為依據，其訂定之過程及採用之方法須符合一般公認之精算原則。

c.利潤測試指標

一般所採用之各種利潤衡量指標，可包括但不限於下列所示：

(a)淨利（損）貼現值對保費貼現值之比率（Premium Profit Margin）

(b)新契約盈餘侵蝕（New Business Strain）

(c) ROA（Return on Asset）
(d)損益兩平期間（Break Even Year）
(e) ROE（Return on Equity）
(f) IRR（Internal Rate of Return）

(2)敏感度分析（適用於壽險業）
a.保險業可對個別風險因子進行敏感度分析，以利風險評估。
b.敏感度測試可包括：投資報酬率、死亡率、預定危險發生率、脫退率及費用率等精算假設。
c.敏感度較高之風險因子，應作進一步分析。

(3)損失分配模型（適用於產險業）
a.保險業針對各種同質性之承保風險，可建立損失分配模型，以評估該承保風險之損失期望值，及不同信賴水準下之可能損失。
b.建立損失分配時，可分別考量損失頻率、損失幅度及損失之相關性。
c.當承保風險缺乏同質性，或經驗資料不足，尚難建立損失分配以評估風險時，可尋求再保人或其他外部機構協助，必要時須加以調整。

4.商品設計及定價風險控管
保險業可針對不同保險商品，依商品特性進行風險控管，其可參酌之方法包括但不限於下列項目：
(1)資產配置計畫（適用於壽險業）：應與投資人員就商品特性進行溝通後，並依其專業評估而制定，對於可能發生之不利情勢，應制定適當之應變方案。
(2)風險移轉計畫：採取移轉之方式，將全部或部分之風險轉移。
(3)精算假設：費率釐訂所採用之精算假設可視情況加計適當之安全係數。
(4)經驗追蹤：商品銷售後可定期分析各項精算假設、進行利潤測試或經驗損失率分析，藉以檢驗或調整商品內容與費率釐訂。

5.5.2 核保風險
1.核保風險管理原則
核保風險係指保險業因執行保險業務招攬(不適用於專業再保險業)、承保業務審查、相關費用支出等作業，所產生之非預期損失風險。保險業對於核保風險應訂定適當之風險管理機制，並落實執行；其管理

機制至少應包含下列項目：
(1)核保制度及程序之建立。
(2)核保手冊或準則之制定。
(3)核保風險管理指標之設定。

2.核保制度及程序之建立
保險業經營各項保險業務時，應建立其內部之招攬(不適用於專業再保險業)、核保等處理制度及程序，其內容至少應包含下列項目：
(1)保險代理人、保險經紀人、保險業務員與保險業之法律關係。(不適用於專業再保險業)
(2)聘用核保人員之資格及權責。
(3)招攬作業(不適用於專業再保險業)、核保作業之處理制度及程序。
(4)其他經主管機關規定應遵行之事項。

3.核保手冊或準則之制定
為求有效維護承保業務品質及降低潛在核保風險，保險業應就所經營之各項保險業務，分別制定相關之核保手冊，以資遵循。核保手冊中，應包括下列項目：
(1)承保業務種類及範圍、簽單條件與額度。
(2)拒限保業務之種類及其判核層級與額度。
(3)每一危險單位淨自留額度及分保標準。
(4)訂立各級核保人員分層授權範圍及額度。

4.核保風險管理指標之設定
為有效評估及檢測各項險種核保作業績效，保險業應制定相關管理指標以供管理階層參考。

5.5.3 再保險風險

1.再保險風險管理原則
再保險風險係指再保險業務往來中，因承擔超出限額之風險而未安排適當之再保險，或再保險人無法履行義務而導致保費、賠款或其它費用無法攤回等之風險。其管理機制至少應包含下列項目：
(1)保險業辦理自留及再保險之分出、分入業務時，應依相關法令規定建立再保險風險管理計畫，並適時檢討修正。

(2)保險業應考量其自留風險之承擔能力,訂定每一危險單位及每一危險事故之累積限額,並就超出限額之風險透過再保險予以移轉,以確保其清償能力,維護經營之安全。

(3)以限額再保險或其他以移轉、交換或證券化等方式分散保險危險之非傳統再保險,應依法令規定辦理。

2.再保險風險管理指標

再保險安排完成後,應定期監控再保險人之信用評等。

5.5.4 巨災風險

1.巨災風險管理原則

巨災風險係指發生之事故及損失足以造成單一險別或跨險別多個危險單位損失,且造成之損失總額可能影響公司之信用評等或清償能力。

2.巨災風險辨識

保險公司應依商品特性辨識各種可能會造成公司重大損失之巨災事件,此巨災事件可考量地震、颱風洪水等天然災害、空難與重大交通事故及傳染病等。

3.巨災風險衡量

巨災風險衡量應以風險模型或情境分析等方法進行最大可能損失評估,評估時應考量巨災風險累積效應(Risk Accumulation)與相關性。

4.巨災風險管理工具

保險業應以質化或量化之工具來辨識、衡量及管理巨災風險,常見之管理工具如下,各公司得視需要採用之。

(1)巨災風險損失紀錄:保險業可透過內部巨災損失紀錄,評估若再發生時可能造成之損失金額。

(2)風險模型:保險業得採用風險模型進行特定巨災風險損失評估,惟保險業應能充分了解評估結果所代表之意義。

(3)情境分析:保險業若無法以風險模型進行量化評估時,得以假設之極端巨災事件情境進行質化評估。

5.風險及控制自評:

產險業應定期檢視在假定之巨災事件或情境下各種保險商品之風險累積效應與公司風險限額之關連性,並評估公司自有資本是否滿足巨災風險資本需求。

6.關鍵風險指標:產險業應訂定巨災關鍵風險指標,並持續監控。

5.5.5 理賠風險

1.理賠風險管理原則

理賠風險係指保險業在處理理賠案件過程中，因作業不當或疏失而產生之風險。

保險業應審慎評估理賠風險並建立適當之理賠處理程序。

2.理賠處理程序

保險業對於理賠作業應訂定內部理賠處理程序，其內容至少應包含下列項目：

(1)聘用理賠人員之資格及權責。

(2)各險理賠作業手冊及理賠作業流程。

(3)各級理賠人員授權範圍、理賠金額授權額度及分層授權核決權限表。

(4)其他經主管機關規定應遵行之事項。

5.5.6 準備金相關風險

1.準備金相關風險管理原則

準備金相關風險係指針對簽單業務低估負債，造成各種準備金之提存，不足以支應未來履行義務之風險。

保險業對於保險業務之準備金相關風險應訂定適當之風險管理機制，並落實執行，其內容可包含但不限於下列項目：

(1)檢視準備金提存之合法性。

(2)訂定適當之準備金提存處理程序。

(3)準備金風險之衡量。

(4)準備金相關風險控管方式。

2.準備金風險之衡量

公司對於各種準備金之量化分析，應依據準備金特性，選取適當之方法建立可行之風險量化模型，進行準備金之適足性分析，其分析方法可選取但不限於下列項目：

(1)現金流量測試法。

(2)損失率法。

(3)總保費評價法。

(4)隨機分析法（Stochastic Methods；Mack Method 或 Bootstrap Method）。
(5)若無足夠資料可編製損失發展三角表，公司亦可採取變異係數（Coefficient of Variation）進行風險衡量。

3.準備金相關風險控管
保險業可針對不同之準備金相關風險，依其影響程度、發生機率之高低及發生之先後順序，進行風險控管，其中可包含但不限於下列項目：
(1)風險移轉計畫：採取移轉之方式，將全部或部分之風險轉移。
(2)準備金增提計畫：對判別為準備金風險超限或準備金不適足時，可採取計劃性方式增提準備金。

5.6 資產負債配合風險

5.6.1 資產負債配合風險管理原則

資產負債配合風險係指資產和負債價值變動不一致所致之風險，保險業應根據所銷售之保險負債風險屬性及複雜程度，訂定適當之資產負債管理機制，使保險業在可承受之範圍內，形成、執行、監控和修正資產和負債相關策略，以達成公司預定之財務目標。其內容可包含但不限於下列項目：
1.資產負債配合風險辨識。
2.資產負債配合風險衡量。
3.資產負債配合風險回應。

5.6.2 資產負債配合風險辨識

資產負債配合風險之辨識宜考量下列幾種風險：
1.市場風險：主要指資產市場價格之變動所致之損失。可能來自利率變動、匯率變動、資產和負債價格變動幅度不一。
2.流動性風險：主要指無足夠現金或流動性資產以滿足現金支出。
3.保險風險：主要指保戶行為致使負債現金流量和資產流量無法配合之情形。

5.6.3 資產負債配合風險衡量

保險業在考量經營環境及保險商品之風險屬性及複雜度後，可參酌但

不限於下列之資產負債管理衡量方法：

1. 存續期間（Duration）或凸性分析（Convexity）。
2. 風險值或條件尾端期望值。
3. 資金流動比率（Liquidity Ratio）。
4. 現金流量管理（Cash Flow Management）。
5. 確定情境分析（Deterministic Scenario Testing）。
6. 隨機情境分析（Stochastic Scenario Testing）。
7. 壓力測試。

5.7 其他風險

保險業除應控管經營時所面臨上述各項風險外，對於其他風險如有必要應依據風險特性及其對公司之影響程度，建立適當之風險控管處理程序。

6.報告及揭露

6.1 風險報告

6.1.1 保險業應編製相關之風險報告，並定期提報至適當之管理階層，其審核過程與結果應予文件化並適當保存。

1. 各業務單位主管應確保其所負責之往來交易情形，及相關風險曝險狀況均依公司本身及主管機關之規範進行適當記錄，其內容可包括風險管理流程中之風險辨識、依循之假設及衡量方法、風險回應措施、資訊來源及風險評估結果，並依照規定定期將風險資訊傳遞予風險管理單位。於違反風險限額時，應提出超限處理報告及因應措施。
2. 風險管理單位或人員應彙整各單位所提供之風險資訊，定期提出風險管理相關報告，並檢視追蹤主要風險限額之運用狀況，以便能定期監控風險。發生異常狀況時，保險業應依照公司內部訂定之特殊事件處理程序提出分析報告，以達即時有效之監控管理與回應。

6.1.2 保險業應依據本守則之相關規範，定期出具整體風險管理報告，並提報董事會，以確實督導風險管理之有效執行。

6.2 風險資訊揭露

保險業除應依主管機關規定及其他財務會計準則規範揭露相關資訊外，亦應將經董事會通過之風險管理報告妥善保存。

7.風險管理資訊系統

7.1 風險管理資訊系統架構

保險業應視需要建置相關之資訊系統，以協助風險管理作業，該系統在架構上涵蓋應用面、資料面與技術面三個重要部分。

1.應用面架構提供保險業風險管理所需之資訊系統相關功能。
2.資料面架構定義應用系統所需資料及存取介面，應考量資料庫建置及資料之完整性。
3.技術面架構定義系統運作之軟硬體環境，建置時應確保系統之安全性。

7.2 風險管理資訊系統之功能

7.2.1 有關保險業風險管理相關資訊系統應用面架構設計，應考量保險業各層級目前與未來可能之風險管理功能需求。

7.2.2 保險業建立風險管理相關資訊系統架構時，宜考量不同風險報告揭露之頻率、對象及格式。

7.3 資料庫之建置暨資料之完整

7.3.1 保險業建置資料庫時應考量資料結構、資料明細及資料存放位址。資料庫基本架構應考慮風險資訊傳輸格式與頻率，並減少重複資料以提高效率。

7.3.2 保險業所建置之資料庫，應注意資料之完整性及正確性。

7.4 風險管理資訊系統之安全性

7.4.1 系統與模型之安全性

保險業所建置之風險管理技術架構必須規範所需之安全程度，以確保保險業資訊、系統及模型之機密性、完整性及可用性。

1.安全性涵蓋領域包括：存取權限、使用者控管、網路安全性及模型安全性。

2.需加強控管開發期間或使用期間，資訊系統相關文件之保存與管理。

7.4.2 系統備份、回復和緊急應變措施

保險業所建置之風險管理技術架構，應訂定適當之資料備份及回復程序，以確保在可接受範圍內，面臨軟硬體或通訊設備故障時仍能運作；事故之處理並應訂定完整之緊急應變措施。主要範圍宜包括：異地備援、災後復原、容錯、備份及因應對策。

7.4.3 資訊技術之開發

保險業之風險管理相關資訊系統，不論是自行開發或委外購買，皆應在可管理之狀況下，注意其功能之實用性、可擴充性及可執行性。外購系統之選擇需考慮系統功能之完備性，與供應商或系統商之專業能力及支援能力。

8.附則

8.1 外國保險業在台分公司應依本守則之規定辦理。但若其風險管理機制係依循國外總公司相關規定，採行與本守則規範內容相當或較先進之方法辦理並提出相關證明文件者，則不在此限。

8.2 本守則經中華民國產物保險商業同業公會及中華民國人壽保險商業同業公會理事會通過並報金融監督管理委員會備查後施行；修正時，亦同。

小叮嚀：

- 忙碌的現代人，心靈煩惱與焦躁不安反而更為嚴重；透過修行、轉念、體悟、放下我執、走出戶外、感恩、關懷與行善，就能昇華為健康的身心靈與生涯。

- 人生無法倒帶、無法彩排、無法回頭，如果不想要有悔恨、失望與傷痛，就活在當下、活出自我、活出屬於自己的精彩人生吧！

附錄：模擬考題與參考解答(一)

壹、選擇題：

1. 保險契約有疑義時，應作有利於何人的解釋為準 A.被保險人 B.受益人 C.保險人 D.以上皆非。

2. 依保險法第 64 條規定，保險人得解除契約須具備的要件有 A.要保人故意隱匿或過失遺漏，或為不實之說明 B.須足以變更或減少保險人對於危險之估計 C.要保人之不實告知，須在契約訂立時所為 D.以上皆是。

3. 對於損失頻率低而損失幅度高的風險，下列何種風險管理策略最佳 A.損失抑制+保險+自留 B.損失預防+損失自留 C.損失預防+自負額 D.損失預防+保險+專屬保險。

4. 下列何種風險非屬純損風險範疇 A.財產風險 B.金融風險 C.第三人責任風險 D.交通意外風險

5. 每 10,000 位旅客，一年約發生事故 100 次，一年總計的損失金額為 1 億元，請問純保費應該多少才合理？
A.5,000 B.1,000 C.15,000 D.10,000

6. 下列何者屬於財產風險管理中的『控制型風險管理』方式 A.避免 B.保險 C.忽略 D.自行承擔

7. 投機性危險之存在，會有下列何種可能結果 A.有損失 B.無損失 C.獲利 D.以上皆是。

8. 控制型的危險管理措施，其目的在 A.實質危險因素 B.控制危險之損失頻率與幅度，以改善危險之性質 C.控制危險之數量 D.以上皆非。

9. 保險法之所以將自殺、自殘、或保險利益列入，係為對何種風險進行管理？ A.身體上的危險 B.心理上的危險 C.道德上的危險 D.隱藏性的危險

10. 比較健康與傷害保險，下列敘述何者為非？A.健康險的承保範圍較大 B.健康險所需考量的核保面向較廣 C.健康保

險示範條款的除外事項較多 D.傷害險契約有等待期間的規定，而健康險則無

11. 請保戶就要保書的書面詢問事項應據實填寫清楚，否則保險公司於訂約後何期間內或自知有解除原因何期間內主張行使契約權利？ A.2 年、1 個月 B.2 年、2 個月 C.1 年、1 個月 D.1 年、2 個月

12. 以「生命價值法」計算保險需求時，下列敘述何者錯誤？ A.年紀越高，保險需求越低 B.個人支出占所得比重越大，保險需求越高 C.個人收入成長率越高，保險需求越高 D.投資報酬率越高，保險需求越低。

13. 每年遺族生活費用為 30 萬，市場利率為 2%，請概算應有保額？ A.600 萬 B.1,200 萬 C.1,500 萬 D.1,800 萬

14. 我國住宅火災及地震基本保險對動產部分之保險價值採何種基礎估算？ A.重置成本 B.帳面價值 C.市場價值 D.實際現金價值

15. 某甲除了投保強制汽車責任保險外，尚投保了（任意）汽車第三人責任保險，約定保險金額為：每一個人傷害責任 400 萬元；每一事故傷害責任 800 萬元；每一事故財損責任 200 萬元。若某甲在保險期間內因疏忽發生車禍造成車外第三人死亡，經雙方和解應賠償受害者家屬 600 萬元，則任意汽車第三責任保險應賠付多少元？ A.200 萬元 B.300 萬元 C.400 萬元 D.500 萬元

16. 產品責任保險即在保障產品製造廠商、包裝廠商、加工廠商、代理商或經銷商等，因為產品的瑕疵或缺陷而造成消費者或第三人受到損害而應負損害賠償責任時，由保險人負賠償責任之保險。此處所謂「產品瑕疵或缺陷」不包括下列那些狀況？ A.提供錯誤產品 B.製造錯誤 C.設計錯誤 D.使用說明不當

17. 任意汽車第三人責任保險係承保下列何種損失 A.死亡 B.體傷 C.財損 D.以上皆是

18. 下列哪些係屬火災保險除外事故且不得加費承保？ A.地震　B.爆炸　C.戰爭兵險　D.故意行為

19. 醫師業務責任保險係採下列何種基礎理賠 A.事故發生基礎　B. 索賠基礎　C. 長期基礎　D.以上皆是

20. 我國目前汽車保險車體損失保險有所謂的甲式條款與乙式條款，就二者比較，下列選項何者為真？A.甲式採列舉式承保，乙式採全險概念承保　B.甲式將第三人非善意行為承保在內　C.乙式將其他不明原因所致之損失承保在內　D.以上皆是

21. 不足額保險之被保險人需按比例分擔損失是因為 A.保險金額低於市價　B.被保險人繳交保費不足　C.懲罰違反誠信　D.以上皆非

22. 非比例再保險是以何種金額作為再保的責任基礎？　A.保險價額 B.保險金額　　C.賠款金額　　D.帳面金額

23. 比例再保險是以何種金額作為再保的責任基礎？　A.保險價額　B.保險金額　　C.賠款金額　　D.帳面金額

24. 在高樓中加裝自動消防系統，以減輕火災損失之處理危險方法，稱為：
A.危險避免　B.危險移轉　C.損失控制 D.危險組合

25. 下列何者為火災保險的間接（或從屬）損失保險？A.營業中斷保險　B.颱風及洪水附加保險　C.動產保險　D.玻璃保險

26. 某進口商在未來三個月要從英國進口一批零件，擔心台幣貶值將使其進口成本大增，因此與對方約定付款貨幣為台幣，這種作法是屬於風險：
A.自行承擔　B.避免　C.分散　D.移轉

27. 一般人都有將電腦資料做異地備份或光碟備檔之動作，請問此行為係風險管理之那一個方法？ A.分散　B.損失預防與抑制　C.避免　D.移轉

貳、問答題：

一、 不同屬性的風險，須適用不同的風險管理方法，請列述說明？

二、 企業或因不瞭解保單保障內容，或因欠缺風險管理的認知，以致保險計畫之保障不足甚或缺乏保險保障。身為財產保險經紀人，您應注意那些事項以協助確保企業經理人所購買的保單符合企業實際需要？

三、 風險評估的基本工具有那二種？ 而表現嚴重性之觀念有多種，除風險管理學最常使用的 PML 與 MPL 外，就其他輔助工具，請簡述其中三種。

四、 企業財產的損失型態包括財產的直接損失及因而造成的各種間接損失，試問此種間接損失大致上有那些類型？針對百貨公司而言，我國目前有何種間接損失保險可以提供給客戶投保？並扼要說明其內容。此種間接損失保險如何承保？

五、 請為業主所擁有之商業大樓規劃財產風險管理步驟？

六、 陸續有許多醫療院所或看護中心發生危安事故，請說明如何規劃醫療院所或看護中心的財產風險管理？

七、 面臨颱風豪大雨，房子及車子易受淹水的民眾，在成本效益的考量下，應如何安排保險以減少其水災的損失？

八、 解釋名詞或簡答題：
　　1.何謂實物給付型保險商品？
　　2.關於產險公司銷售健康險與傷害險有何規定？

參考解答：

壹、選擇題：

1.(A) 2. (D) 3.(A)   4.(B)   5.(D)   6.(A)   7.(D)
8.(B) 9.(C) 10.(D) 11.(A) 12. (B) 13.(C) 14.(D)
15.(C) 16.(A) 17. (D) 18.(C D) 19.(B) 20.(B) 21.(B)
22.(C) 23.(B) 24.(C)   25.(A)   26.(D) 27.(A)

貳、問答題：

一、

不同種類的風險，須適用不同的風險管理方法，摘述如下：
1.**損失頻率高且損失幅度高：避免、預防與抑制。**
2.損失頻率高且損失幅度低：自己保險、自行承擔、損失預防
　抑制。
3.**損失頻率低且損失幅度高：保險、移轉與損失抑制。**
4.損失頻率低且損失幅度低：自行承擔、忽略。

二、

財產保險經紀人可協助之事項列舉如下：
1.協助企業修訂與擬訂財產風險管理計畫
(1)協助評估損失風險：損失發生頻率、可能損失幅度、損失變
　異程度
(2)協助評估風險對企業財務的影響
(3)協助擬訂保險計畫:挑選適當的保險商品(保險種類與承保範
　圍、保險金額、保險費與決定自負額額度或比例)
(4)提供風險控制相關建議：例如消防措施、分散、抑制、防災
　等風險管理措施
(5)提供風險理財相關建議：提撥準備金、自己保險或自留等各
　種方法，並搭配保險管理風險。

2.協助定期保單健檢
(1)審核保險契約內容
(2)確認保險項目與保險標的
(3)歸納整理投保險種內容、項目與缺口
(4)指出重複投保、不足額投保或未承保風險項目

三、
1.風險評估可以分別就損失頻率與損失幅度來衡量評估。損失
　頻率為損失發生機率的評估、損失幅度為損失金額的評估。
2.衡量損失幅度之其他輔助工具：
(1)年度最大可能損失(Maximum Probable Yearly Aggregate
　Dollar Loss, MPY)：指在同一年度內，對於家庭或企業可能
　遭遇的累積最大損失金額。
(2)VaR(Value at Risk,風險值)：風險值為絕對損失金額概念，透
　過風險值可以在一定期間內及特定信賴區間下，計算可能產
　生之損失金額。
(3)依照損失幅度區分等級：例如區分為 5 等，分別為極低、低
　度、中度、高度、極高。

四、
間接損失指因為直接損失所衍生的損失，間接損失可區分為以
下幾種類型：
1.營業中斷損失：因為營業中斷所導致之實際損失及恢復營業
　所生之費用。
2.固定費用損失：因為直接損失所衍生的固定費用，諸如租金
　損失、員工薪資損失。
3.額外費用損失：因為直接損失所衍生的相關費用，諸如臨時
　住宿費用、清理費用、替代交通費用。

　就百貨公司而言，可投保以下間接損失保險，以減輕事故發
　生所致之損害：

1. 火災事故所導致的間接損失：商業火災保險附加營業中斷保險，以承保因火災等保險事故所導致營業停頓期間之實際損失及恢復營業所生之費用損失。
2. 上下游廠商發生火災事故及其他約定事故所造成之連帶營業中斷：可投保連帶營業中斷保險，該險承保上下游廠商發生保險事故因而造成企業營業中斷之相關損失與費用。
3. 對於第三人責任衍生的間接損失：可附加相關額外費用給付的附加保險或附加條款，以減低間接損失金額，例如附加租金損失保險附加條款。

五、
業主對其所擁有之商業大樓應規劃的財產風險管理步驟如下：
1. 風險的確認
(1) 實地調查法：實際察看商業大樓內外環境，針對可能造成危安事故或風險事故的場所，逐一列出。
(2) 聯繫詢問法：透過詢問勞工安全衛生人員與保全管理人員，了解可能風險。
(3) 審閱文件紀錄法：例如審閱過去相關事故紀錄。
(4) 其他：契約分析法、保單對照法等。
2. 風險的評估
　評估損失頻率、損失幅度、風險承擔能力與危險變異程度。
3. 選擇並執行風險管理策略
(1) 偷竊、強盜：透過全程錄影、保全與門禁管制等維安設施。
(2) 火災、地震：投保火災保險與地震保險、裝設滅火器材、感應器與警報器。
(3) 公共意外責任：投保公共意外責任保險與電梯責任保險等。另外，保全人員應做好人員管理，並避免攜入危險物品。
(4) 自己保險：定期提撥緊急應變基金。
(5) 停車場保管或人員管理：保全管理、定期安檢並設置安全衛生人員。
(6) 設置安全警報器、建置安控設備及配合派出所巡查。

(7)實施人員疏散演練與防災實務訓練、加強設備保養維護。

4.定期檢討與調整

六、

醫療院所或看護中心的財產風險管理步驟規劃如下：

1.風險的確認

(1)實地調查法：針對醫療院所或看護中心內，調查可能發生跌倒、摔落、受傷、火災、噎死或割傷的各種風險。

(2)聯繫詢問法：透過詢問勞工安全衛生人員與各部門相關人員，了解可能風險。

(3)審閱文件紀錄法：例如審閱過去相關事故紀錄。

(4)流程分析法：分析病患治療、手術或病患生活起居等各種作業流程或病患位移流程，分析可能產生的風險。

(5)其他：契約分析法、風險列舉法、保單對照法等。

2.風險的評估

評估損失頻率、損失幅度、風險承擔能力與危險變異程度

3.選擇並執行風險管理策略

(1)病患跌倒、摔落、受傷、火災、噎死或割傷風險：密集巡查並安置監視器；並於各病房內安置警報器、監視器、防滑裝置與無障礙設備。

(2)輻射外洩、病毒傳染、偷竊、強盜：可透過錄影、保全與門禁管制管理等維安控管。

(3)火災、地震：投保火災保險與地震保險；裝設滅火器材與感應器、並嚴禁可能造成火災的烹煮或抽菸等行為。

(4)公共意外責任：投保公共意外責任保險與電梯責任保險等。另外，安管人員應做好人員管理，避免易燃物品、爆裂物品或危險物品被攜入醫療院所或養護中心。

(5)自己保險：緊急應變基金。

(6)停車場保管或人員管理：保全管理、定期安檢並設置安全衛生人員。

(7)設置安全警報器與建置安控設備、落實輪班巡查與交接。

(8)其他：實施人員疏散演練與防災實務訓練、加強設備定期保
　養維護及人員出勤管理從嚴等。

4.定期檢討與調整

七、

1.住宅火險承保範圍不含水災、風災、水漬與地層滑動等事故，
　因此保戶投保住宅火險可特別約定颱風、暴風、水漬、地層
　滑動等附加保險並約定足額的動產保險，讓保障範圍更周全：
　特約的附加保險或事故列舉如下：
a.颱風、暴風、旋風或龍捲風。
b.洪水、河川、水道、湖泊之高漲氾濫或水庫、水壩、堤岸之
　崩潰氾濫。
c.水漬、自動灑水器滲漏。
d.地層滑動或下陷保險。

2.汽車車體損失保險承保範圍不包含淹水事故所致之損失，建
　議民眾投保汽車車體損失保險可付費附加颱風、地震、海嘯、
　冰雹、洪水或因雨積水等附加條款，以避免水災或淹水相關
　的損失。

八、

1.實物給付型保險商品：指保險契約中約定保險事故發生時，
　保險公司透過提供約定之物品或服務以履行保險給付責任。
　實物給付型商品得採取實物給付與現金給付混合之方式設
　計。
2.金管會於 97 年 4 月訂定發布《財產保險業經營傷害保險及健
　康保險業務管理辦法》，同意產險業經營一年期非保證續保
　的健康險與傷害險業務；並於 104 年 12 月放寬產險業者，得
　經營三年期以下且不保證續保之傷害保險及健康保險。

附錄：模擬考題與參考解答(二)

壹、選擇題：

1. 下列何者屬於損失抑制措施　A.滅火　B.出售殘餘物　C.急救送醫及復健　D.以上皆是。

2. 每年遺族生活費用為 30 萬，市場利率為 5%，請概算應有保額？　A.600 萬　B.1200 萬　C.1500 萬　D.1800 萬

3. 新型態風險管理工具不斷推出，包含下列何者？　A. 巨災債券　B. 財務再保　C.巨災衍生性商品　D. 以上皆是。

4. 對於損失頻率低而損失幅度高的風險，下列何種風險管理策略最佳　A.損失抑制＋保險＋自留　B.損失預防＋損失自留　C.損失預防＋自負額　D.損失預防＋保險＋專屬保險。

5. 下列何種風險非屬純損風險範疇 A.財產風險　B.市場風險　C.第三人責任風險　D.交通意外風險

6. 富樂產險公司統計過去一年承保的 100 萬位旅客中，有 1.9 萬人發生事故，其中有 6,000 人申請理賠 1 萬元、8,000 人申請理賠 2 萬元、5,000 人申請理賠 3 萬元，則損失頻率與損失幅度分別為多少？　A. 0.019，400　B. 0.019，19,500　C. 0.019，1,950　D. 1.9 萬次，20,000

7. 下列何者敘述不正確？ A 風險因素會影響損失幅度 B.風險事故會影響風險因素 C.風險事故為造成損失的意外事故 D.風險因素可能造成風險事故

8. 利用專屬保險公司管理風險，係屬風險管理方法中之？ A.移轉　B.控制 C.自留與承擔　D.分散。

9. 下列何者不屬於風險管理之成本？　A.保險費　B.保險賠款　C.減少產量　D.安全設備支出。

10. 請問製造商因產品製造過程中之疏失導致消費者的傷害或死亡所應賠償之責任是屬於： A.人身風險　B.財產風險　C.責任風險　D.以上皆非

11. 藉由增購安全設備，而減少全體員工18%的傷害成本。這個例子是
A.風險控制成本和風險融資成本的消漲
B.風險控制成本和預期直接損失成本的消漲
C.剩餘不確定成本與風險融資成本的消漲
D.風險融資成本和預期直接損失成本的消漲

12. 下列何者不是一個典型風險經理人的職責？ A.估計風險曝露數 B.為面臨的財務風險購買保單　C.估計損失頻率及損失幅度　D.管理並執行風險管理專案計畫

13. 關於整合型風險管理，下列敘述何者最為適當？
A.提供可保危險傳統的保險保障之計畫
B.僅提供財務風險與可保危險傳統的保險保障之計畫
C.僅提供財務風險與經營風險的保障之計畫
D.融合保險危險、財務風險與經營風險三個領域之全方位管理

14. 與團體有關且事件發生時波及範圍大之危險，稱為： A.主觀危險　B.客觀危險　C.特定危險　D.基本危險

15. 單一風險單位，在單一事故中可能發生的最嚴重損失幅度，稱為　A.正常可預期損失 B.最大可預見損失　C.最大預期損失 D.最大可能損失

16. 就保險契約法而言，保險契約所承保之保險事故，如該保險事故之發生與要保人或被保險人有關者稱之為 A.客觀危險 B.主觀危險 C. 系統性危險 D.非系統性危險

17. 下列何者為控制型風險管理策略或方法？A. 設定自負額 B.投保保險 C.提撥意外準備金 D.隔離

18. 專屬保險係屬下列何種風險管理策略 A.控制型風險管理 B.財務型風險管理 C.風險移轉 D.避免

19. 關於傷害保險契約條款之敘述，何者為非？ A.主要承保非

疾病事故 B.我國財產保險業可經營傷害保險 C.被保險人變更職業時須通知保險人，以調整保費 D.被保險人職業等級增加未通知保險人，若保險事故發生保險人可以拒賠。

20. 我國目前汽車保險車體損失保險有所謂的甲式條款與乙式條款，就二者比較，下列選項何者為真？ A.甲式採概括式承保，乙式採列舉式承保 B.甲式將其他不明原因所致之損失承保在內 C.乙式將第三人非善意行為承保在內 D.甲式承保範圍包含酗酒駕車責任保險。

21. 林先生貸款購買汽車，同時投保強制汽車第三人責任保險與任意汽車第三人責任保險，但選擇設定有自負額。上述情況，就風險管理策略觀察是屬於：A.保險與損失預防之結合 B.保險與理財之結合 C.保險與主動自留之結合 D.保險與自己保險之結合

22. 下列何者非意外傷害保險的意外事故定義 A.第三人所致 B.非由疾病引起 C.突發 D.外來

23. 下列何者屬於汽車保險之絕對不保事項 A.暴動 B.戰爭 C.颱風 D.輪胎磨損

24. 被保險人想要終止汽車保險契約時，有哪些規定？ A.經保險公司同意後才能辦理 B.發生保險事故後不得辦理 C.承保後 10 天內 D.隨時可辦理

25. 下列關於我國現行強制汽機車責任保險的敘述，何者不正確？ A.採限額無過失基礎 B.單一車輛事故，駕駛員體傷，可向強制汽機車責任保險申請傷害醫療給付 C.保險費率會因汽車使用人的年齡、性別、肇事紀錄給予加減費 D.若肇事者逃逸，受害人可向特別補償基金申請理賠

貳、問答題：

一、向產險公司投保旅行平安保險與信用卡附贈旅遊保險保障，二者承保範圍有何差異？請分別就意外身故、醫療、海外急難救助與旅遊不便險等各層面說明。

二、產險公司經營需面臨許多風險，請問何謂市場風險、信用風險、資產負債配合風險、作業風險？可採行之風險管理方法各有哪些，試申論之？

三、假設某財產原始成本 50,000 元，耐用年限 10 年無殘值，於使用 5 年後遭火災全部毀損，損失發生時累計折舊帳戶餘額為 25,000 元，公平市價為 100,000 元；損失發生時之重新購買的成本為 80,000 元。請問若分別採原始成本基礎、帳面價值基礎、市價基礎、重置成本基礎、實際現金價值基礎以計算財產損失時，其財產損失之評價金額分別為何？

四、以自用小客車為例，說明使用者可採取之風險控制方法及理由。

五、試述財產保險規劃應注意之重點。

六、何謂純損風險(Pure Risk)？可分為那三種風險？

七、請比較乘客責任保險與乘客傷害保險有何差異？

八、八仙塵爆事件造成重大傷亡，請說明如何規劃遊樂園或娛樂場所的財產風險管理？

九、何謂「骨牌理論（Domino Theory）」？何謂「能源釋放理論（Energy Release Theory）」？請分別說明其內涵及兩者之差異？請分就「骨牌理論」與「能源釋放理論」，說明經濟單位應採行何種措施達到損害防阻之目的？

參考解答：

壹、選擇題：

1.(D)　2.(A)　　3.(D)　　4.(A)　　5.(B)　　　6.(B)　　7.(B)
8.(C)　9.(B)　10.(C)　11.(B)　12. (B)　13.(D)　14.(D)
15.(D)　16.(B)　17.(D)　18.(B)　19.(D)　20.(A B)
21.(C)　22.(A)　23.(B D)　24.(D)　25.(B)

貳、問答題：

一、

旅行平安險與信用卡刷卡附贈保險，二者保障內容差異頗大，需要釐清，原則上信用卡刷卡附贈保險之保障內容大多僅包含搭乘飛機與大眾運輸工具期間之意外身故保障，並未提供全程意外身故、殘廢與醫療保障，務需留意。摘要列表比較如下：

保障內容	信用卡刷卡附贈保險	旅遊平安保險
人身保障	限制在搭乘飛機或大眾運輸工具造成身故或殘廢才有理賠；絕大部分並未提供全程旅遊保障	全程的身故或殘廢保障
醫療保障	無	包含疾病或意外醫療給付
海外急難救助	通常無	海外急難救助費用由保險公司負擔。包含免付費電話、醫療諮詢、返國安排、遺族海外善後機票與住宿費用、出院後療養安排等各項服務
旅遊不便保險	通常包含旅遊不便保險，涵蓋行李遺失、行李延誤、班機延誤等保障	通常包含旅遊不便保險或可以付費加保

二、

1.市場風險：

(1)指資產價值在某段期間因市場價格變動，導致資產可能發生損失之風險。

(2)風險管理機制：保險業應針對涉及市場風險之資產部位，訂定適當之市場風險管理機制，並落實執行，諸如敏感性分析與壓力測試。

2.信用風險：

(1)指債務人信用遭降級或無法清償、交易對手無法或拒絕履行義務之風險。

(2)風險管理機制：保險業應針對涉及信用風險之資產部位，訂定適當之信用風險管理機制，並落實執行，諸如交易前後之信用風險管理與信用分級限額管理。

3.資產負債配合風險

(1)指資產和負債價值變動不一致所致之風險，保險業應根據所銷售之保險負債風險屬性及複雜程度，訂定適當之資產負債管理機制，使保險業在可承受之範圍內，形成、執行、監控和修正資產和負債相關策略，以達成公司預定之財務目標。

(2)風險管理機制：存續期間分析、風險值、現金流量管理、隨機情境分析與壓力測試。

4.作業風險

(1)指因內部作業流程、人員及系統之不當或失誤，或因外部事件造成之直接或間接損失之風險。

(2)風險管理機制：適當之權責劃分、保留交易軌跡、強化法令遵循與危機處理等。

三、

(1)原始成本基礎：50,000

(2)帳面價值基礎：50,000-25,000=25,000

(3)市價基礎：100,000

(4)重置成本基礎：80,000

(5)實際現金價值基礎：80,000-80,000x0.5=40,000

四、

(1)風險控制方法主要針對損失頻率與幅度進行控制。包含避免、預防與抑制或非財務上之契約移轉等各式方法。其中損失抑制主要為對於損失幅度的控制，損失預防則主要對於損失頻率的控制。

(2)**自用小客車可採取之風險控制方法及理由：**

　a.**降低損失頻率**：降低保險事故發生機率，諸如透過避免酒駕、避免過勞駕駛、避免長途跋涉等方法；另外損失控制良好，未來也可以因為理賠紀錄良好而調降保費。

　b.**降低損失幅度**：降低損失金額的方法，諸如：行車繫安全帶、配備安全氣囊、裝設行車紀錄器搭配緊急處理以降低損失等各項方法，有助於降低車禍發生時的損失幅度，以減低損失金額。

五、

財產保險規劃應注意之重點，得列舉如下：

1.投保的金額足夠與否

2.承保範圍是否足夠

3.保險期間是否中斷

4.承保地點是否完整

5.承保項目是否週全

6.投保保費是否經濟實惠

7.適當搭配自負額、自己保險、預防與抑制等風險管理方法

六、

(1)純損風險：指只有損失發生機會而無獲利機會之風險。諸如建築結構、使用性質、汽車廠牌與製造年份、居住地區、工作環境與職業性質等皆屬於純損風險。

(2)純損風險依照風險標的物之性質（損失發生對象）分類，可分為以下三種風險：

a.人身風險：與人類身體有關之風險，諸如：生育、年老、疾病、死亡與殘廢等風險。

b.財產風險：與個體所擁有財產攸關之風險，諸如：房屋建築結構差、居住地震帶、居家未安裝鐵窗、居住低窪地區、超速行駛等風險。

c.責任風險：由於契約關係或過失侵權行為，導致依法須負擔賠償責任之風險，諸如：車禍賠償責任與執業責任。

七、

　　傷害保險對於被保險人因為意外傷害事故所造成的死亡或殘廢，負擔賠償責任。因此傷害保險理賠只需要被保險人確實因為車禍意外而造成死亡或殘廢，保險公司就需要負擔理賠責任。相形之下，責任保險理賠，則需符合第三人、依法應負賠償責任且受賠償請求等要件。以乘客責任保險與乘客傷害保險為例，摘要列表比較如下：

項目	乘客責任保險	乘客傷害保險
承保標的	●被保險人對於第三人依法應負賠償責任，而受賠償請求 ●承保標的為損害賠償責任，屬於無形標的	●被保險人因為意外傷害事故所致之人身損害 ●承保標的為被保險人的身體，屬於有形標的

項目	乘客責任保險	乘客傷害保險
承保事故	●人身損害賠償責任：體傷(可包含醫療)、死亡 ●財產損害賠償責任	●身故與殘廢，可再附加傷害醫療保險 ●傷害保險未包含財產損害補償
賠償對象	●第三人(乘客)，未包含被保險人或駕駛人	●被保險人(乘客) ●可納入駕駛人
賠償責任基礎	●採取過失責任基礎，並由乘客負舉證責任 ●駕駛人或客運業者須有過失，乘客才能獲得理賠；若車禍過失為其他加害人，則乘客無法獲得乘客責任險之理賠	●只需確認被保險人係因意外傷害事故所致之人身損害，即可獲得理賠，與駕駛人或客運業者是否存在過失無關
索賠至獲得理賠所需時間及與強制責任險之關係	●通常需要確認過失責任或和解、判決確定後，才能支付保險賠款 ●產險公司就超過強制汽車責任保險給付標準以上之部份，對乘客負賠償之責	●事故發生時，若乘客身故或傷殘就醫，可以馬上申請並迅速獲得理賠 ●殘廢保險金部分可以先就殘廢等級認定並未存在疑義之等級先行理賠，差額事後再額外申請與給付。 ●人身意外傷害賠償金額與強制汽車責任保險之理賠金額獨立無關、並無是否扣除強制險理賠問題。

八、

遊樂園或娛樂場所的財產風險管理步驟規劃如下：

1.風險的確認

(1)實地調查法：針對遊樂園或娛樂場所內，調查可能產生塵爆、火災、摔落、受傷與機械故障的各種風險。

(2)聯繫詢問法與請教專家法：透過詢問勞工安全衛生人員、執行活動人員、相關部門人員或外部廠商人員，進一步了解可能風險。

(3)審閱文件紀錄法：透過審閱遊樂設施的維修保養與保固記錄、過去相關事故紀錄等文件了解可能風險。

2.風險的評估

　　評估損失頻率、損失幅度、風險承擔能力與風險變異程度；並進一步編繪出風險矩陣或風險地圖。

3.選擇並執行風險管理策略

(1)偷竊、強盜：透過全程錄影、保全與門禁管制等維安設施。

(2)火災、塵爆、地震：除投保火災保險與地震保險外，並裝設滅火器材、自動灑水系統與火災感應器、嚴禁主辦單位或遊客攜入可能產生塵爆或火災的各項危險物品。

(3)公共意外責任：投保公共意外責任保險與電梯責任保險等。另外，安管人員應做好人員管理與維護，避免易燃物品、爆裂物品、可能塵爆物品或危險物品被攜入活動場所。

(4)自己保險：定期提撥緊急應變基金。

(5)停車場保管或人員管理：保全管理、定期安檢並設置安全衛生人員。

(6)設置安全警報器、建置安控設備、落實人員疏散演練與防災實務訓練、加強設備定期保養維護及人員出勤管理等。

4.定期檢討與調整

九、

1.骨牌理論與應採取之措施：

骨牌理論指出風險事故的發生是經由一連串的風險因素所導致，因此為避免或減少危險事故發生的損失或機率，應設法消除特定風險因素，以避免一連串風險因素導致事故發生。例如：意外殘廢發生是因為個人的疏忽與不當的機器操作，而個人的疏忽與不當的機器操作又由於個人或環境上的一連串不當的因素所引發。

2.能源釋放理論與應採取之措施：

能量釋放理論認為意外事故之發生原因為能量失去控制，因此應該採取許多控制風險的措施，以降低風險事故之發生。能量釋放理論著眼於控制能量或控制傷害性能量之釋放，並透過隔離與結構改善等損害防阻，以降低損害。能量釋放理論提到的控制風險措施可摘要列舉如下：

(1)防止能量的集中
(2)降低能量集中的數量
(3)防止能量的釋放或調整能量釋放的速率和空間的分配
(4)以不同的時空，隔離能量的釋放
(5)在能量與實物間設置障礙
(6)調整接觸面與強化結構
(7)快速偵測事故，以控制損失
(8)實施長期救護行動

3.差異：

(1)**事故發生方面之差異**：骨牌理論強調風險事故的發生是經由一連串的風險因素所導致；能量釋放理論認為意外事故之發生原因為能量失去控制。

(2)損害防阻方面之差異： 骨牌理論強調應設法消除特定風險因素，以避免一連串風險因素導致事故發生；能量釋放理論著眼於控制能量或控制傷害性能量之釋放，並透過隔離與結構改善等損害防阻，以降低損害。

*題目來源：保險經紀人風險管理概要考題、高普特考或初等考試考題、個人風險管理師考題或作者自編或修訂

參考文獻

1. 方明川，個人年金保險新論， 作者自行出版，1995 年
2. 王志仁、呂先輝、李諭政等，意外保險，保險事業發展中心，2005 年
3. 考選部，考選統計、高普特考、初等考試或經紀人考試歷屆考題，1998~2015 年
4. 宋明哲，現代風險管理，五南文化，2007 年
5. 柯木興，社會保險，中國社會保險學會，1993 年
6. 風險管理學會，人身風險管理與理財，2001 年
7. 保險事業發展中心，保險市場重要指標，2014~2015 年
8. 保險事業發展中心，風險管理與保險規劃，2012 年 6 月
9. 梁正德、袁曉芝、廖淑惠等，保險業企業風險管理之理論與實務，保險事業發展中心，2012 年
10. 風險管理學會，企業、個人風險管理師考題與參考解答，2001~2002 年&2011~2015 年
11. 許文彥，保險學-風險管理與保險，新陸書局，2012 年 2 月與 2015 年 5 月
12. 袁宗蔚，保險學，三民書局，1993 年 3 月
13. 產物保險公會，財產保險業務員基本教育訓練教材──保險理論與實務、汽車保險、火災保險、運輸保險，1997 年 3 月
14. 產險核保學會，產物保險業核保理賠人員資格考試綱要及參考解題，第三版
15. 產險公會、壽險公會、保險事業發展中心、勞動部與衛生福利部，保險法令或網站法令條文、年報資訊或統計資訊，2012 年 9 月~2015 年
16. 壽險公會，人身保險業務員資格測驗統一教材，2012 年
17. 陳伯燿、黃淑燕、徐敏珍，汽車保險，保險事業發展中心，

2012 年 3 月

18. 凌氤寶、康裕民與陳森松，<u>保險學理論與實務</u>，華泰文化，2008 年

19. 富邦產物、兆豐產物、台灣產物、泰安產物、明台產物、華南產物、新光產物等保險公司商品簡介、條款與網站資訊

20. 潘文章，<u>保險學</u>，作者自印，1990 年 9 月

21. 鄭燦堂，<u>風險管理理論與實務</u>，五南文化，2008 年

22. 廖勇誠，<u>輕鬆考證照：人身與財產風險管理概要與考題解析</u>，鑫富樂文教，2013 年 1 月

23. 廖勇誠，<u>健康保險、勞保與職災實務</u>，鑫富樂文教，2016 年 1 月

24. 廖勇誠，<u>人身風險管理概要與考題解析</u>，鑫富樂文教，2016 年 1 月

25. 廖勇誠，<u>客運業團體乘客傷害保險之研究</u>，核保學報，2016 年

26. 謝淑慧、王財驛，<u>風險管理</u>，華視文化，2012 年

27. Harvey W. Rubin, Dictionary of Insurance Terms, Fourth Edition

28. Mark S. Dorfman, Introduction to Risk Management and Insurance, Fifth edition

29. Kenneth Black, JR., Harold Skipper, JR.,Life Insurance, Prentice-Hall Inc, 1994

國家圖書館出版品預行編目(CIP)資料

財產風險管理概要與考題解析 / 廖勇誠著. -- 初版. –

臺中市：鑫富樂文教, 2016.02

ISBN 978-986-88679-9-4(平裝)

1.財產保險　2.風險管理

563.75　　　　　　　　　　　　　105000180

財產風險管理概要與考題解析

發行人：林淑鈺

作者：廖勇誠

編輯：鑫富樂文教事業有限公司編輯部

美術設計：田小蓉、郝定慧

封面繪圖：陳鈺婕

出版發行：鑫富樂文教事業有限公司

地址：402台中市南區南陽街77號1樓

電話：(04)2260-9293　　傳真：(04)2260-7762

總經銷：紅螞蟻圖書有限公司

地址：114台北市內湖區舊宗路二段121巷19號

電話：(02)2795-3656　　傳真：(02)2795-4100

2016年2月15日　初版一刷

定　價◎新台幣350元